여행필수
체코어 회화

한국외국어대학교
체코어과 교수
김규진 著

1945
문예림

저자 김 규진

- 한국외국어대학교 체코어과 교수
- 한국외국어대학교 러시아과 졸업, 동대학원 러시아어과 재학중 미유학
- 미국 시카고대학원 슬라브어문학과 석사, 박사과정 수료
- 체코 카렐대학교 수학
- 체코 카렐대학교 교환 교수
- 한국동유럽발칸학회 회장(2001-2003)
- 저서: {체코어 문법} 명지출판사 1990,

{체코어 강독과 회화} 공저 한국외대 출판사 1997,
{상용 체코어회화} 명지출판사 1998
{체코문화} 공저 한국외대 출판사1999
{기초 체코어강독} 공저 한국외대 출판사2002,
{기초 체코어회화} 공저 한국 외대 출판사2002,
{현대체코문학론} 월인 2003,
{러시아 문학 입문} 월인 출판사 2003
{체코어 문법 연구} 도서출판 문예림 2004
E-mail:kyuchin@hotmail.com

여행필수 체코어 회화

초판 1쇄 인쇄 2004년 7 월 5 일
초판 1쇄 발행 2004년 7 월 10일
저자 / 발행인 서덕일 / 발행처 도서출판 문예림
출판등록 1962년 7월 12일 제 2-110호
주소 : 서울 광진구 군자동 195-21호 문예B/D 201호
전화 : 02-499-1281~2 / 팩스 : 02-499-1283
http://www.bookmoon.co.kr / E-mail:book1281@hanmail.net

ISBN 89-7482-254-7 (13790)

머리말

이 '여행 필수 체코어 회화'는 체코를 여행하거나 체코에 일정기간 체류하는 도중, 의사 소통에 가장 필요하다고 생각되는 표현들을 담은 회화 책이다. 체코어 발음은 약간의 예외규정을 제외하고 철자화 된대로 읽으면 되는 아주 체계적인 음운 구조를 가지고 있어 기본 발음 원칙만 알면 쉽게 발음 할 수 있다. 그래서 슬라브언학자들이 동슬라브어인 러시아어, 우크라이나, 벨라루스어와 서슬라브어인 폴란드어, 체코어, 슬로바키아어 그리고 남슬라브어인 세르비아어, 크로아티아어, 슬로베니아, 마케도니아어 등의 음운체계를 표시할 때 체코어 발음체계를 원용한다. 기초편에 나오는 발음만 조금 연습하면 응용편에 나오는 모듬 문장을 읽는데 큰 지장이 없다.

내용은 A. 체코어의 알파벳과 발음, B. 기본적인 체코어 회화와 C. 주제별 체코어 회화 편으로 나누었다. 기본적인 체코어 회화편에서는 여행등에서 필요한 아주 기본적인 회화와 단어들을 다루고 있다. 주제별 체코어 회화편은 될수 있는 한 여러가지 장면을 상정하여 사용자가 편리하게 하였다 이 회화책에서 다루고 있는 체코어는 체코학교에서 배우는 이른바 '표준체코어'(Spisovná čeština)라고 하는 회화체이다. 이 표준체코어 회화체는 물론 체코인들이 일상적으로 말하고 있는 '공용체코어' 또는 '일상체코어'(Obecná čeština)와는 약간의 차이가 있다. 언어는 세월과 시대와 세대에 따라 끊임없이 변하기 때문에 책에서 그 변화 양상을 다 다룰 수는 없다. 또 체코어는 체코민족이 17세기 초에 독립을 잃고 20세기 초에 독립을 되찾은 관계로 문어체와 회화체, 화화체에서도 앞에서 말한 표준체코어와 공용체코어와의 차이점이 존재한다. 그래서 체코 학교에서 가르치는 표준어를 중심으로 이 회화책을 편집했다.

체코어 문법에서 일반적으로 알고 있으면 편리한 사항으로는 체코어의 경우 남성, 여성, 중성의 구별이 아주

특이하다. 또 동사의 과거시제 표현에서 주어가 남성 단수인 경우는 -l 남성복수인 경우는 -li,여성단수인 경우-la, 여성복수인경우 -ly의 형태를 취하게 된다. 또 한 형용사 어미로도 남성단수인 경우 -ný,여성단수 인경우 -ná 이다. 여기서 자세한 문법설명은 필요치 않아 생략하기로한다.

체코어 발음의 우리말 표기는 본인이니 이전에 사용했던 졸저 명지출판사의 [체코어문법]이나 [체코어 입문]과 기본적으로 같으나 체코어에 대한 깊은 지식없이 체코사람들과 낱말 또는 간단한 문장을 통해 의사소통을 원활히 하기 위하여 약간의 변화를 꾀해 봤다. 예컨데 우리말 발음에 없는 F와 V 등의 발음표기에서 Fe는 때로는 [훼]로, 특수한 경우는 [페]로도 했다. V의 경우 모음 e와 함께인 Ve-인 경우 우리말 발음 기호 [붸]보다는 차라리 [웨]로, 또 Vam의 경우 [밤]보다 [왐]으로 읽을 경우 체코사람들이 더 잘 알아듣기 때문에 후자를 택했다. 또 상황에 따라서, 예컨데 기초편과 응용편의 체코어 우리말 발음 표기가 약간씩 다른 것, 즉 원칙으로부터 약간 벗어난 경우는 외래어 발음의 완벽한 한국어 표기가 불가능하기뿐만 아니라 상대방이 더 잘 알아듣도록 하기 위함이다.

끝으로 이 책의 원고를 입력해준 윤지선양, 정연우양, 박정희양, 김정욱군 등에게 고마움을 표하고 싶고 최종 교정을 보아주신 외대 교환 교수로 와 있는 마르따 부슈꼬바(Marta Bušková) 교수와 이뜨까 끄라마르조바 (Jitka Kramářová) 교수께 감사드린다. 특히 이 책의 출판을 제의하시고 기꺼이 출판해주신 외국어 전문 출판사 문예림의 서덕일 사장님과 편집부 여러분께 감사를 드린다.

2004년 5월 외대 왕산 캠퍼스에서 저자

차례

A . 체코어의 알파벳과 발음

B .기본적인 체코어 회화

차례

C. 주제별 체코어 회화

A. 알파벳과 발음

1.체코어의 알파벳

2.모음

3.자음

4.악센트

5.억양

1. 체코어의 알파벳

대문자	소문자	발음	소리
A	a	á	아
B	b	bé	베
C	c	cé	째
Č	č	čé	췌(체)
D	d'	dé	뎨(졔)
Ď	d'	d'é	뎨
E	e	é	에
Ě	ě	ije	예
F	f	ef	에프
G	g	gé	게
H	h	há	하
CH	ch	chá	하(ㅋ하)
I	i	í	이
J	j	jé	예
K	k	ká	까
L	l	el	엘
M	m	em	엠
N	n	en	엔

대문자	소문자	발음	소리
Ň	ň	eň	엔느
O	o	ó	오
P	p	pé	뻬
Q	q	kvé	끄 베(끄웨)
R	r	er	에르
Ř	ř	eř	에르스(즈)
T	t	té	떼
Ť	ť	t’é	떼(쩨)
u	u	ú	우
v	v	vé	베(웨)
w	w	dvojité vé	드보이떼 베 (웨)
X	x	iks	익스
Y	y	ypsilon	입실론
z	z	zet	젯(제트)
Ž	ž	žet	쥇(줴트)

2. 모음

단모음		장모음	
a	아	á	에-
e	에	é	에-
i:y	이	í:ý	이-
o	이	ó	오-
u	이	ú:ů	우-

모음은 a,e,i,o,u의 5개로 각각 단모음과 장모음 á,é,í,ó,ú(ů)가 있다

[이] 모음은 i,í외에 y,ý 에도 나타나지만, 같은 음을 가리킨다. u와 ů도 같은 음을 가리키고, ú는 어두(접두사가 있는 경우는 그것을 제외하고, ů는 어중이나 어미에 오고 발음은 입술을 둥글게 내미는 듯이 하고 확실하게 발음한다. 5개의 모듬중 a(á),e(é).i(í,y,ý).o(ó)「아 이 오 에 오」와 거의 비슷하게 발음된다.2중 모음은 au,eu,ou의 3개이다.

크로므네르지쉬

3.자음

문자	발음	해설(예)
B	[b ㅂ]	「부」의 자음 ex) Nebo [네보]:또는
C	[ts ㅉ]	「쯔」의 자음 ex) Co[쪼]:무엇
Č	[ts ㅊ]	영어 cheese의 ch음 ex) Čas[차스]:때
D	[d ㄷ]	「도」의 자음 ex) Den[덴]:일
Ď	[dʒ ㅈ]	①「디」의자음 ② 혀 앞부분을 잇몸 뒤쪽 입천장(경구개)에 붙여서 발음 ex) Neděle[네젤레]:일요일
F	[f ㅎ] [프]	영어의 f음에 해당 ex) Film[휠름]:필름, 영화
G	[g ㄱ]	「구」의 자음 ex) Granát[그라나트(그라낫)]:석류석
H	[h ㅎ]	유성의 h ex) Hrad[흐라트]:성
ch	[x ㅎ]	혀 뒷부분을 입 안쪽 부드러운 입천장(연구개)에 접근시켜 발음 ex) Chleba[흘레바]:빵 독일어Ich(이흐)때 ch음가와 비슷

J	[j o]	「유」의자음 ex) Jeden[예덴]:하나 Jméno[이메노]:이름
K	[k ㅋ]	「꾸」의 자음 ex) Kino[끼노]:영화관
L	[l ㄹ]	① 영어와 거의같다 ② 혀 끝을 윗니 뒤 에 대고 내는 소리 ex) Ale[알레]:그러나
M	[m ㅁ]	「무」의 자음으로 입을 닫고 코로 숨을 내쉰다 ex) Malý[말리]:작다
N	[n ㄴ]	「누」의자음으로 혀 앞을 윗니에 붙여서 코로 숨을 내쉰다 ex) Nos[노스]:코
Ň	[ň ㄴ]	① 「냐」의 자음에 가깝다. ② 혀 앞부분을 잇몸 뒤쪽 입천장 (경구개)에 대고 내는 소리 ex) Něco[녜쪼]:무엇인가
P	[p ㅃ]	「뿌」의 자음 ex) Potom[뽀똠]:후에
R	[r ㄹ]	혀를 감아 발음 ex) Ruka[루까]:손
Ř	[rz ㄹㅈ] (ㄹㅅ)	① r에 마찰이 가해진음 ② 유성이 될 때와 무성이 될 때가 있다 ex) Řeka[르제까]:강
S	(s ㅅ)	「스」의 자음과 거의 같다. ex) Sen[센]:꿈
Š	[š ㅅ]	영어 ship의 sh음에 가깝다. ex) Škola[슈꼴라]:학교
T	[t ㄸ]	「뜨」의 자음 ex) Léto[레또]:여름

Ť	[t' ㅉ]	①「쯔」의 자음에 가깝다. ② 혀 앞부분을 잇몸 뒤쪽 입천장(경구개) 에 대고 내는 소리 ex) Tělo[쩰로]:몸
V	[v ㅂ]	영어 v의 음에 해당 ex) Voda[보다(워다)]:물
Z	[z ㅈ]	①영어 z 의 음에 해당(유성음으로 마찰음) ex) Zima[지마]:겨울
Ž	[ž 쥐]	영어 pleasure의 s음에 가깝고 š의 유성음으로 마찰음 ex) život[쥐보트, (쥐웟)]:인생,생활

유성자음: **b v d ď z ž g h m n ň j l r ř**
무성자음: **p f t ť s š k ch /ř/c/č**

q[k][kv]끄베(끄웨) w[v(w)]드보이떼베(웨) x[ks][gz]익스

* 주로 외래어에 나타나는 음으로, dž[dʒ]는 č의 유성음으로 하나의 음으로서 발음된다 「ㅈ」의 음과 거의 같다.
džus [쥬스]:주스, džem [잼] Kjudžin[규진]:규진
*[ ]안의 발음 기호는 IPA 표기를 따르기로 한다.

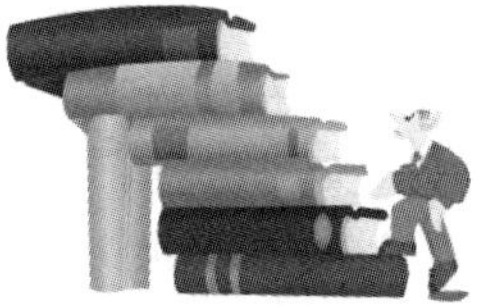

해설

① i와 y는 같은[이] 음[흡]을 표시하지만, d, t, n 의 자음에 한해 다음에는 y 가 올 경우에는 가볍게 발음하고, i 가 오는 경우에는 ď, ť, ň 과 같이 연구개음으로 발음한다

또, d, t, n 은 ě 가 오는 경우에도 연음으로 발음한다. 표로 나타내면 다음과 같이 된다.

da	ta	na	ďa	ťa	ňa
de	te	ne	dě	tě	ně
dy[디]	ty[띠]	ny[니]	di[지]	ti[찌]	ni[니]
do	to	no	ďo[죠]	ťo[쬬]	ňo[뇨]
du	tu	nu	ďu[쥬]	ťu[쮸]	ňu[뉴]

단, 외래어에서는 di, ti 라고 되어 있어도 dy, ty 와 같이 발음하는 경우가 있다.

Antikvariát [안띠끄와리아트]:헌책방

rádio [라디오]:라디오

i, y 가 d, t, n 이외의 자음에 붙는 경우에는 음가가 전혀 변화지 않는다.

My [미], mi [미] 우리들(은), 나에게

nový, noví [노위] 새로운

② ě 가 b, p, v, f 뒤에 붙어서 함께 발음하면이 각 [베], [뻬] [베웨], [폐, 훼]로 발음된다 m이 뒤에 오는 경우는 mně [므녜]와 같이 발음 된다.

bě ; bj[베]	oběd[오베트]: 점심
pě ; pje[뼤]	pět[뻬트]: 5
vě ; vje[웨]	dvě [드웨]: 2
fě ; fje[페(훼)]	na Harfě [나하르훼]
mě ; mňe[므녜]	거리의 이름
město[므녜스또]: 거리	měsíc[므녜시쯔] : 달

③ 유성자음의 무성음화

유성자음 중 무성음의 짝이 있는 b, v, d, ď, z, š, g, h, 는 어미또는 무성자음의 앞에서 무성음화 한다. 유성의 h는 조음점이 다르지만 ch와 짝을 이룬다.

표기 발음	어미	무성자음 앞
b→p	zub[주프]이	obchod[오쁘호트]가게
v→f	ostrov[오스뜨로프]섬	dívka[지프까]여자
		v pět hodin[프뻿호진] 다섯시에
d→t	hrad[흐라트]성	odpoledne[오뜨뽈레드네]
ď → ť	ted'[떼지]지금	lod'ka[로찌까]보트
z→s	obraz[오브라스]그림	procházka[프로하스까]산보
		z Prahy[스쁘라히] 프라하로부터
ž →š	už [우슈] 이제	tužka[뚜슈까] 연필
h→ch	roh[로흐]각	lehký[레흐끼]간단한, 가벼운
g→k	filolog[휠로로크] 문헌 학자	

무성자음 앞에 유성 자음이 2개가 연속할 경우, 2개 모두 무성음화 한다.

Vz ¡ **fs** vzpomínka[쁘스뽀민까] 추억

④ ř 의 무성화

ř 은 1) 어미, 또는 2) 무성자음의 앞과뒤, 즉 **řk, řt, př, tř, kř** 로 무성음으로 발음된다. 그외는 유성음으로 발음된다.

유성음:

čtyři[치 띠르지]: 4 **řeka**[르제까]: 강

dobře[도브르제]: 잘

무성음:

1)어미**:kouř** [코우르슈]: 연기, **lékař** [레까르슈]: 의사

2)무성자음의 뒤**:tři**[뜨르지]: 3

před[쁘르젯]: ~의앞에

⑤ 무성자음의 유성화

짝을 가지는 무성자음은 짝을 갖는 유성자음(단 **v**는 제외한다) 앞에서 유성화한다. 주로 다음과 같은 예가 있다.

kd	¡	**gd**	kdo[그도] 누구, kde[그데] 어디, kdy[그디] 언제
sb	¡	**zb**	prosba[쁘로즈바]부탁, sbor[즈보르]코러스
tb	¡	**db**	svatba[스와드바] 결혼식, fotbal[호드발]축구
sv	¡	**sv**	svoboda[스워보다]자유

4. 악센트

악센트 위치는 극히 일부를 제외하고, 어구의 제 1음절에 있다. 체코어의 악센트는 음의 강약에 의한 것이지만 단지 음의 강약이라고 말해도 그다지 강한 것이 아니고, 강한 곳과 약한곳의 차이가 거의 없다.

5. 억양

① 평서문에서는 문미가 내려간다.

Přišel až odpoledne.
뻐르지쉘 아쉬 오뜨뽈레드네
그는 오후가 되어서 왔다.

② 의문사가 없는(예, 아니오로 답한다) 의문문은 말 끝이 올라간다.

Nepřišel jsem pozdě?
네뻐르지쉘 셈 뽀즈제
제가 늦게 오지 않았습니까?

어미의 어구가 3음절 이상인 경우, 1) 마지막 음절이 아주 높아진 경우와 2) 2음절째가 아주 높아지고, 3음절째부터 내려가는 경우가 있다.

1) Přijdeš odpoledne?
뻐르지이데쉬 오뜨뽈레드네
(자네는)오후에 올 것인가?

2) Přijedeš odpoledne?
뻐르지예데쉬 오뜨뽈레드네

③양자택일의 의문문에서는 nebo[또는]의 앞이 올라가고, 그 뒤는 내려간다.

Je to vaše nebo naše?
예 또 와쉐 네보 나쉐
그것은 당신 것입니까? 우리들 것입니까?

④ 의문사가 있는 의문문은 일반적으로 어미가 내려간다

Co to děláš?
쪼 또 젤라쉬
(자네는) 무엇을 하고 있어?

프라하 선술집 우 칼리하 (U kalicha)
체코의 작가 하섹의 소설 "착한 병사 슈베이크 "의 무대

B. 기본적인 회화

1.일반표현

2.여러가지 표현

3.시간에 관한 표현

4.수, 무게, 온도 등에 관한 표현

1. 일반표현

인사 :안녕하세요?

안녕하세요!(아침인사)
Dobré ráno[1]
도브레 라노

안녕하세요!(낮인사)
Dobrý den[2]**!**
도브리 덴

안녕하세요!(저녁인사)
Dobrý večer !
도브리 웨체르

야! 안녕!(친한 사람에게)
Ahoj![3]**: Čau!**
아호이 : 차우

1)**Dobré ráno!** 는 아침에 일어났을 때나 또는 이른 아침 인사로 사용한다.**Dobré jitro!** [도브레 이뜨로]라고도 한다.
2)**Dobrý den!**은 아침부터 저녁까지 하루 종일 사용한다. 해가 지고부터는 **dobrý večer!**가 된다. 이 인사는 첫 대면의 사람이나 가게등에 들어갈 때 사용된다.
3)**Ahoj! Čau!**는 친한 사람사이에서 사용한다. **Nazdar!**[나즈다르]도 때로는 친한 사람사이에서 사용된다.

4)「...씨」에 해당하는 체코어는 남성에게 **pan**, 기혼 여성에게는 **paní**, 미혼 여성에게는 **slečna**로 ,영어의 **Mr., Mrs., Miss**에 해당한다. 체코어의 경우는 성만이 아니고, 이름 앞에도 붙일 수 있다. 여성의 성은 남성의 성에 **-ová**가 붙는다. 남성의 성이 **-ý**로 끝나는 경우에 여성은 **-á**가 된다.

노박씨
Pan Novák[4)]
빤 노왁

노바코바 부인(노박 부인)
Paní Nováková
빠니 노와꼬바

노바코바 양
Slečna Nováková
슬레츠나 노와꼬바

처음 뵙겠습니다

이분은 김규진 씨입니다.
To je pan Kjudžin Kim[1)].
또 예 빤 규진 김

저는 김규진 입니다.
Jsem[2)] Kjudžin Kim
이셈 규진 김

만나서 반갑습니다.
Těší mě.
쩨쉬 므녜

만나게 되어 기쁩니다.(첫대면에서)
Těší mě, že vás poznávám.[3]
쩨쉬 므녜 줴 와스 뽀즈나왐

만나서 기쁩니다 (다시 만났을 경우)
Jsem rád(a), že vás vidím.[4]
이셈 라트(라다) 줴 와스 위짐

(당신의) 이름은 무엇입니까?
Jak se jmenujete?
약 세 이메누예떼

나는 김규진이라고 합니다.
Jmenuju se Kyuchin Kim.
이메누유 세 규진 김

일반표현

1) 다른 사람에게 소개 되었을 때는 먼저 **Dobrý den!**「안녕하십니까!」라고 말한 다음 자기의 이름을 말한다
2) 이름은 **jsem** 뒤에 이름과 성의 순으로 한다.
3) 「처음 뵙겠습니다」에 해당하는 것은「당신과 알게 되어 기쁩니다.」의 의미인 **Těší mě, že vás poznávám.** 이지만, **Těší mě**「기쁩니다」만으로도 충분하다
4)다시 만났을 때는 **Jsem rád(a), že văs vidím.**「당신을 뵙게 되어 기쁩니다.」가 된다.남성이 말할 때는 **rád**,여성은 **ráda** 이다.

건강(안녕)하세요?

어떻게 지내십니까?
Jak se máte?[1]
약 세 마때

고맙습니다, 잘 지냅니다.
Děkuju, dobře.
제꾸유 도브르제

그러면, 당신은?
A vy?
아 위

고맙습니다, 잘 지냅니다.
Děkuju, dobře[2)]
제꾸유 도브르제

어떻게 지내십니까?
Jak se vám daří?
약 세 왐 다르지

어떻게 지내니?(친한 사람에게)
Jak se máš?
약 세 마쉬

그럭저럭입니다.
Jde to.[2)]
이데 또

나쁩니다.
Špatně.
슈빠뜨녜

무엇인가 새로운 것이 있습니까?
Co je nového?
쪼 예 노웨호

특별한 것은 없습니다.
Nic zvláštního.
니쯔 즈블라슈뜨니호

1)「어떻게 지내십니까?」에 해당하는 **Jak se máte?** 또는 **Jak se vám daří?(Jak se vám vede**[베데] 이지만, **Jak se máte?**가 자주 사용된다. 친한 사이에는 **Jak se máš? Jak se ti daří?(Jak se ti vede?)**로 쓴다.
2)대답은 **děkuju** 「고맙습니다.」라고 말한 다음 **dobře** 「좋아; 건강하다」라든가 **jde to ; ujde to**;[우이데 또] 「그럭저럭 입니다」 등으로 말한다.

안녕히 가십시오

안녕히!
Na shledanou![1)]
나스흘레다노우

편히 주무세요!
Dobrou noc![2)]
도브로우 노쯔

안녕히!(오랫동안 만나지 못할 때)
Sbohem!
즈보헴

자, 그럼!(친한 사람에게)
Ahoj! Čau![3)]
아호이 차우

내일까지 안녕!
Na shledanou zítra!
나스흘레다노우 지뜨라

건강하게 지내십시오!
Mějte se hezky!
므녜이떼 세 헤스끼

잘지네!(친한 사람에게)
Měj se hezky!
므녜이 세 헤스끼

좋은 주말을
Pěkný víkend!
뻬끄니 위끄엔트

좋은 여행을!
Šťastnou cestu!
슈짜스노우 쩨스뚜

1)일반적으로 사용되는「안녕」은 **Na shledanou!**로 다시 만날 것을 기약하는 의미가 들어있다.
2)**Dobrou noc!**는 밤에 헤어질때나 사용한다. **Sbohem!**은 2번이나 만나지 못하는 경우나 장기간 헤어지는 경우에 사용하는 것으로 보통은 사용하지 않는 편이 좋다. 뜻은 하나님과 함께 하길!
3)**Ahoj! Čau!**는 친한 사람 사이에 헤어질 때 사용한다.
체코어에서는 「예」는 **ano**,「아니오」는 **ne**지만, 보통 구어체에서는 **ano** 대신에 **no**[노]나, **jo**[요]를 합해서 **nojo**[노요]라고 사용한다. 그러므로 **no**라고 하면「아니오」는 아니므로 주의한다 이 **no, jo, nojo**는「예...」등 말이 막힐때나 맞장구를 칠 때 사용한다. **no**[노]는 긍정, **ne**[네]는 부정.

고마워.
Děkuju. [1)]
제꾸유

고맙습니다.
Děkuju vám. [2)]
제꾸유 왐

천만에요.
Není zač.
네니 자츠

정말 고맙습니다.
Děkuju vám pěkně. [2)]
제꾸유 왐 뻬그녜

고마워. (친한 사람에게)
Dík. Díky. [3)]
지끄 지끼

천만에요.
Prosím[4)]. Rádo se stalo.
쁘로심 라도 세 스딸로

천만에요. 별것 아닙니다.
Za málo. To je maličkost.
자 말로 또 예 말리츠꼬스트

여러가지로 고마웠습니다.

Děkuju [5]za všechno.

제꾸유 자 흐쉐흐노.

1)감사를 표시하는 방법으로 제일 간단한 것은 Děkuju로, 「나는 감사한다.」의 의미이다. 문어적으로 말하는 방법으로 Děkuji[제꾸이]가 있지만 보통의 회화에서는 Děkuju 가 일반적이다. 특히 「우리들」은 감사한다」라고 말하고 싶을때는 Děkujeme [제꾸예메]가 된다.

2)보다 정중하게 말하고 싶을때는 vám「당신에 대해서」를 붙이기도 하고, pěkně「멋있게,정말로」나 mockrát[모쯔끄라트], mnohokrát[무노호끄라트]「몇번이라도」를 붙인다.

3)dík : díky는 친한 사람에 대해서 사용한다.

4)사람에게 예를 표할때는 Není zač가 보통이다. Prosím은 「천만에요」라는 의미로 사용한다.

5)「~에 대해 고마워」라고 말할는 경우에는 전치사 za를 사용한다.

아니오,괜찮습니다

커피 마시겠습니까?

Dáte si kávu?[1]

다떼 시 까우

예, 마시겠습니다.

Ano, dám si.[2) 3)]

아노 담 시

아니오, 괜찮습니다.

Ne, děkuju.

네 제꾸유

커피 어떻습니까?
Přejete si kávu?
쁘르제예떼 시 까부

지금은 괜찮습니다.(다음에 마시겠습니다.)
Teď ne, děkuju[4]. Snad později.
떼찌 네 제꾸유 스나트 뽀즈제

커피는 필요 없습니까?
Nechcete kávu?
네흐쩨떼 까부

아니오, 마시고 싶습니다.
Ano, dal(a) bych si.
아노 달(달라) 비흐 시

1)「~은 어떻습니까?」라고 말할 때는 필요의 유무를 학실하게 말한다.
2)체코어의「예」는 **Ano**.「아니오」는 **Ne**이다.「필요 없다고」라고 말하는 경우, **Ne**에는 **děkuju**「고마워」를 붙이는 쪽이 정중한 표현이 된다. 부정으로 물은 경우에도 필요한 경우에는 **Ano**. 필요 없는 경우는 **Ne**.이다.
3)「저는 (커피등을) 마시겠습니다.」는 **Dám si**.이고, 보다 정중하게 말하고 싶을 때는 **Dal(a) bych si** (남정이 말할때는 **dal**, 여성이 말할때는 **dala**)가 된다.
4)**Děkuju**.만을 사용할 경우에는「필요없다」라는 의미가 되지 않으므로 주의해야 한다.

미안합니다 : 드릴 말씀이 없습니다.
Promiňte.[1)]
쁘로미테

미안합니다.
Dovolíte? ; S dovolením![2)]
도볼리떼 즈도볼렌님

실례합니다.
Pardon.
빠르돈

자, 실례합니다.
Prosím.
쁘로심

천만에요. 괜찮습니다.
Nic se nestalo.
니쯔 세 네스딸로

말씀(일)중에 미안합니다.
Promiňte,[3)] že vás obtěžuju.
쁘로민떼 줴 와스 쩨뜨쥬유

실례합니다
Omluvte mě na okamžik.[4)]
오믈룹떼 므녜 나오깜쥐끄

화내지 마세요.
Nezlobte se.
네즐롭떼 세

마음에 두지 마세요. ; 상관 없습니다.
To nevadí.
또 네와지

아무것도 아닙니다.
To nic.[5)]
또 니쯔

1)Promiňte.를 사용하는 경우에는
①무례를 사과하는 경우와 ②갑자기 사람에게 말을 걸거나 일을 하고 있는 사람을 막는 경우의 2가지가 있다.
2)혼잡한 차속, 도로 등을 통과하고 싶은 경우에는 Dovolíte? 또는 S dovolením! 이라고 말한다. 대답으로는 Prosím.이라고 한다.
3)실수로 사람의 발을 밟았거나 부딪쳤을 때 가볍게 사과하는 말은 Pardon.이다. 심하게 부딪쳤을 때는 Promiňte.라고 한다.
4) 일을 끝내고 자리를 뜰 경우에는 Omluvte mě.를 사용한다.
5)「아무것도 아닙니다.」라고 말할때에 보통으로 상용되는 것은 Nic se nestalo.나 To nic.이다.

좋습니까?

들어가도 괜찮습니까?
Můžu dál?[1)]
무쥬 달

물론입니다.
Samozřejmě?
사모즈르제이므녜

자, 물론이지요
Prosím.
쁘로심

담배를 피워도 좋습니까?
Můžu si zapálit? ; Smím si zapálit?[2)]
스밈 시 자빨릿 무쥬 시 자빨릿

여기에서는 담배가 금지되어있습니다.
Tady není dovoleno kouřit.
따디 네니 도볼레노 꼬우르짓

창을 열어도 좋습니까?
Můžu otevřít okno?
무쥬 오떼브르짓 오끄노

부탁해도 되겠습니까?
Můžu vás o něco poprosit?
무쥬 바스 오 네쪼 뽀쁘로싯

부탁이 있습니다만.
Mám k vám prosbu.
맘 끄왐 쁘로즈부

물어봐도 좋습니까?
Můžu se vás na něco zeptat?
무쥬 세 와스 나 네쪼 제쁘땃

1)「(내가) ~해도 좋습니까?」라고 사람에게 허가를 구하고 싶을 때는 보통**Můžu**~ 「~할 수 있을까?」로 한다. **Můžu**를 약간 문어적으로 말하면 **mohu**[모후]이다. 보통의 회화에서는**Můžu**가 **Můžeme.**[무줴메]로 된다.
2)허가를 구할때는 **Smím~?**를 사용할 때도 있다. 상대방에게 「허가를 받을 수 있을까?」라고 하는 의미가 좀 더 강해진다.

상관 없습니까?

상관 없습니까?
Nevadí vám to?[1)]
네와지 왐 또

전혀 상관 없습니다.
Vůbec ne.
부베쯔 네

담배를 피워도 상관 없습니까?
Nevadí vám když si zapálím?
네와지 왐 그디쉬 시 자빨림

사정은 어떻습니까?
Hodí se vám to?;Vyhovuje vám to?[2)]
호지 세 왐 또 : 위호우예 왐 또

예, 괜찮습니다.
Ano, vyhovuje.
아노 위호우예

1)「상관 없습니까?」는 **Nevadí vám to?**로「폐는 끼치지 않았습니까?」라는 의미도 된다. 이경우「상관 없습니다」라고 말하고 싶을 는 **Ne.**「예」**Nevadí.**「상관 없습니다」라는 부정형으로 되므로 주의해야 한다.
2) 사람을 만나는 약속을 할 때 등 결정하는 것이 상대의 사정에 맞을지, 어떨지를 확인하는 경우는 **Hodí se vám to? ; Vyhovuje vám to?** 라고 한다.
체코어에는 연장자에게나 친하지 않은 사람, 친한 사람에 대한 말하는 방법이 서로 다르다. 친하지 않은 사람에게 「당신」이라고 말할 때는 본래 「당신, 님」에 해당하는 **vy**를 사용하고, 친한 사람에

일반표현

게는 **ty**를 사용한다. 처음 알게된 체코인과는 **vy**로 말하고 친해지면 **ty**로 말한다. 어린이나 학생간의 첫대면에는 **ty**로 말한다. 그러나 대학생한테는 대게 **vy**를 사용한다. 부모와 자식간에는 우리와 달리 친한 사이니 물론 **ty**를 쓴다.

부탁합니다

부탁합니다 ; 미안합니다.
Prosím.
쁘로심

부탁합니다 ; 미안합니다.
Prosím vás.[1)]
쁘로심 와스

커피를 부탁합니다.
Kávu, prosím.[2)]
까우 쁘로심

계산을 부탁합니다.
Platit, prosím.
쁠라찟 쁘로심

조금 기다려 주십시오.
Moment, prosím. Okamžik prosím.
모멘뜨 쁘로심 오깜쥐끄 쁘로심

조선 호텔로 가주십시오.
Hotel Josun, prosím.
호뗄 조선 쁘로심

이것을 부탁합니다.
Tohle, prosím.
또흘레 쁘로심

1) 「부탁합니다.」 「~해주시오」라고 할때는 **Prosím** 을 사용한다 여기에 **Prosím vás.**와 같이 **vás**를 붙이는 것이 정중한 표현이 된다.
2) 무엇인가 사고 싶어서「~을 주시오」라고 말할때는 명사의 앞이나 뒤에 **Prosím**을 붙이는 것만으로 충분하다.

~해 주시겠습니까?

~해 주시겠습니까?
Můžete mi to vysvětlit?[1)]
무줴떼 미 또 위스웨뜰릿

도와주시겠습니까?
Můžete mi pomoct?
무줴떼 미 뽀모쯔

도와주시겠습니까?
Mohl(a) byste mi pomoct?
모홀(라) 비스떼 미 뽀모쯔

조금 천천히 말해 주시겠습니까?
Můžete mluvit trochu pomaleji?
무줴떼 물루윗 뜨로후 뽀말레이

그것을 써 주시겠습니까?
Můžete mi to napast?
무줴떼 미 또 나빠삿

주소를 가르쳐 주시겠습니까?
Můžete mi dát vaši adresu?
무제떼 미 닷 와쉬 아드레수

미안합니다만, 그것을 집어 주십시오
Buďte tak hodný a podejte mi to.[2)]
붓떼 딱 호드니 아 뽀데이떼 미 또

1) 「~해 주시겠습니까?」라고 사람에게 정중하게 의로를 할때는 **Můžete~**를 사용한다. 보다 정중하게 조금 돌려서 말하고 싶을때는 **Mohl(a) byste~?**(남성에 대해서는 **mohl**,여성에 대해서는 **mohla**)를 쓴다.
2) 「실례합니다만~해주시오」라고 말할때는
Buďte tak laskav[라스까프]) 를 사용할 수도 있다. **hodný laskav**가 여성에 대해서는 각각 **hodná**[호드나] **laskava**[라스까와]가 된다.

.... 하고 싶습니다만

그것을 사고 싶다.
Chci si to koupit.[1)]
흐찌 시 또 꼬우삣

그것을 사고 싶습니다.
Chtěl(a) bych si to koupit.[2)]
흐쩰(라) 비흐 시 또 꼬우삣

뭘 원하십니까?
Co si přejete?
조 시 쁘르제예떼

그것을 사겠습니다.
Vezmu si to.[3)]
베즈무 시 또

무엇인가 마시고 싶습니다.
Chtěl(a) bych něco k pití.[4)]
호쪨(라) 비흐 녜쪼 끄 삐찌

무엇인가 먹고 싶습니다.
Chtěl(a) bych něco k jídlu.
흐쪨(라) 비흐 녜쪼 끄이들루.

무엇인가 좋은 것을 먹고 싶습니다.
Dal(a) bych si něco dobrého.
달(라) 비흐 시 녜쪼 도브레호

당신과 만나고 싶습니다.
Chtěl(a) bych se s vámi setkat.
흐쪨(라) 비흐 세 스와미 세뜨깟

노왁씨와 말하고 싶습니다.
Chtěl(a) bych mluvit s panem Novákem.
흐쪨(라) 비흐 물루빗 스빤넴 노왁껨

1)「나는~을 하고 싶다.」「~이 탐나다」라고 말할때 Chci... 를 사용한다.
2)「나는~하고 싶습니다.」「~을 바랍니다.」을 부드럽게 할때는 **Chtěl(a) bych~** (남성이 말할때는 **Chtěl,** 여성이 말할때 라는 가정법을 사용한다
3)여러 가지를 본 다음 「그것을 사겠습니다.」라고 말할때는 **Vezmu si to.**「그것을 가지겠습니다.」라고 말한다
4)「무엇인가 먹을 것」은 **něco k jídlu**「무엇인가 마실 것」은

일반표현

něco k pití 「무엇인가 좋은 것, 맛있는 것」은 **něco dobrého** 「무엇인가 다른 것」은 **něco jiného** [녜쪼 이녜호]가 된다.

실례합니다만

실례합니다만
Promiňte.[1)]
쁘로민떼

무엇입니까?
Prosím.
쁘로심

뭐라고 말씀하셨습니까?
Prosím.
쁘로심

여보세요!(남성에게)
Pane![2)]
빠네

여보세요!(여성에게)
Paní!
빠니

여보세요!(젊은 여성에게)
Slečno!
슬레츠노

여보세요! ; 잠깐만!(말을 걸 때)
Haló![3)]
할로

여보세요!(전화로)
Haló!
할로

웨이터!
Pane vrchní!
빠네 우르흐니

미안하지만, 한번더 말해주십시오.
Prosím vás řekněte mi to ještě jednou.[4)]
쁘로심 와스 르제끄녜떼 미 또 예슈쩨 예드노우

1)길이나 무엇인가를 물을려고 타인에게 말을 걸때는 **Promiňte.**「실례하지만」이라고 말을 거는 것이 보통이다. **Promiňte.,Prosím** 이라고 하면 보다 정중한 표현이다 여기에는 **Prosím?** 「무엇입니까?」또는 **Ano?**[아노]「예?」라고 받는다.
2)사람을 부르거나 주의를 끌고 싶을 때, 남성에 대해서는 **Pane!** 여성에 대해서는 **Paní!**젊은 여성에게는 **Slečno!** 라고 할수도 있다. **Haló!**라고 부르기도 한다.
웨이터라고 부를 때는 **Pane vrchni!** 가 된다.
3) 전화상의 「여보세요」도 **Haló!** 이다.
4)상대의 말을 몰라서 되물을 는 **Prosím?** 라고 말꼬리를 올려서 말한다.「무엇?」에 해당하는 **Co?**[쪼], **Cože?**[쪼줴](뭐이라구?)는 그다지 정중한 표현이 아니므로, 친한 사이에서만 사용한다.

당신은 동수씨 입니까?
Jste pan Dong Su?
이스떼 빤 동수

예, 그렇습니다.
Ano, jsem.[1)]
아노 이셈

아니오, 아닙니다.
Ne, nejsem.[2)]
네 네이셈

실례지만, 동수씨 부인이 아니십니까?
Promiňte, nejste paní Dong Su?
쁘로민떼 네이스떼 빠니 동수

예, 김입니다.
Ano, jsem Kim.
아노 이셈 낌

패스포트를 가졌습니까?
Máte pas?
마떼 빠스

예, 이것입니다.
Ano, prosím.
아노 쁘로심

당신은 동수씨를 압니까?
Znáte pana Dong Su?
즈나떼 빠나 동수

예, 알고 있습니다.
Ano, znám.
아노 즈남

아니오, 모릅니다.
Ne, neznám.
네 네즈남

이것은 극장입니까?
Je to divadlo?
예 또 지바들로

아니오, 이것은 박물관 입니다.
Ne, to je muzeum.
네 또 예 무제움

1)「예」는 Ano 「아니오」는 Ne 이지만, 부정 의문문에서도 긍정의 대답은 Ano 부정은 Ne 이다.
2)동사 앞에 ne 를 붙이면 그 동사를 부정하는 것이 된다.

체코어를 아십니까?

체코어를 이해하십니까?
Rozumíte česky?[1)]
로주미떼 체스끼

아니오, 모릅니다.
Ne, nerozumím.
네 네로주밈

예, 그러나 조금밖에 모릅니다.
Ano, ale jen trochu.
아노 알레 옌 뜨로후

영어는 할 줄 아십니까?
Mluvíte anglicky?[2)]
물루위떼 앙글리츠끼

예, 합니다.
Ano, mluvím.
아노 물루빔

나는 체코어를 조금 말합니다.
Mluvím trochu česky.[3)]
물루빔 뜨로후 체스끼

당신은 한국어를 말할 수 있습니까?
Umíte korejsky?
우미떼 꼬레이스끼

아니오, 할 줄 모릅니다.
Ne, neumím.
네 네우밈

영어를 말할 줄 아십니까?
Mohl(a) byste mluvit anglicky?
모흘(라) 비스떼 물리윗 앙글리츠끼

이것을 체코어로 무엇이라고 말합니까?
Jak se to řekne česky?
약 세 또 르제끄네 체스끼

1) 「~어를 말하다.」「~어를 알다」라고 말할 때, 체코어에서는 「~어로 」라고 하는 말을 사용한다.「체코어로」는 **česky**,「영어로」는 **anglicky**,「일본어로」 **japonsky**,「독일어로」는 **německy**[니에메츠키] 「한국어로」는 **korejsky**이다.
2)「(나는)~어로 말하다」는 **Mluvím ~** 「(나는)~어를 말할수 있다.」는 **Umím~** 「(나는)~어를 안다」는 **Rozumím~**이다. ~에 1)의 「.~어로」를 넣어서 사용한다.
3)**Umíte anglicky?**라고 말하면,「영어를 할수 있는가(능력이 있는가)」라고 하는 의미이지만, 말을 할 수 있는지 어떤지를 상대에게 묻는 경우가 실례로 느껴질 수도 있으므로, **Mluvíte anglicky?** 를 사용하는 것이 보통이다. 더욱 **Mohl(a) byste mluvit anglicky?**라고 하면 혹시「혹시 영어를 말할 수 있으신지요?」라고 하는 의미로 정중한 질문이다.

~이 있습니까?

맥주가 있습니까?
Máte pivo?1)
마떼 삐보

예, 있습니다.
Ano, máme.
아노 마메

아니오, 없습니다.
Ne, nemáme.
네 네마메

프라하의 지도가 있습니까?
Máte mapu Prahy?[2)]
마떼 마뿌 쁘라히

없습니다.
Není.; Nejsou.[3)]
네니 네이소우

라이터를 갖고 있지 않습니까?
Nemáte zapalovač?
네마떼 자빨로와츠

쁘로하스까 씨는 댁에 계십니까?
Je pan Procházka doma?[4)]
예 빤 쁘로하스까 도마

예, 계십니다.
Ano, je doma.
아노 예 도마

아니오, 계시지 않습니다.
Ne, není doma.
네 네니 도마

1)레스토랑이나 상점 등에서 「~ 이 있습니까?」라고 말하고 싶을 는 **Máte~ ?** 「~을 가졌습니까?」라고 묻는다
2)사람에게 물을 보다 정중하게 말하고 싶을 경우는 **Nemáte~ ?** 「~을 갖고 있지 않습니까?」라고 부정형으로 하기도 하고, 부정형으로 **Nemáte náhodou~ ?**[네마떼 나호도우]「혹시~을 갖고 있지 않습니까」와「우연히」 **náhodou** 를 붙인다.
3)희망하는 물건이 없을 때는 **nemáme** 「갖고 있지 않습니다.」 또는, **Není.; Nejsou.** 「없습니다」 라고 한다.

일반표현

④「....이 있습니다.」가 단수에서는 **je**, 복수에서는 **jsou**[이소우]이다. 부정형은 각각 **není**, **nejsou**로 된다.

이것은 무엇입니까?

이것은 무엇입니까?
Co je to?[1)]
쪼 예 또

이것은 벡헤로프카입니다.
To je Becherovka.
또 예 벡헤로프까

벡헤로프카는 무엇입니까?
Co je to Becherovka.
쪼 예 또 벡헤로프까

벡헤로프카는 체코의 식사전의 입맛 돋구는 술입니다.
Becherovka je český aperitiv.
벡헤로프까 예 체스끼 아뻬리띠프

이것은 누구의 것 입니까?
Čí je to?[2)]
치 예 또

이것은 누구의 책입니까?
Čí je to kniha?
치 예 또 끄니하

이것은 나의 것입니다.
To je moje.
또 예 모예

어느 버스가 부르노에 갑니까?
Který autobus jede do Brna?[3)]
끄떼리 아우또부스 예데 도 브르나

이것은 무엇으로 되어 있습니까?
Z čeho je to?
스체호 예 또

이것은 무엇에 사용하는 것입니까?
K čemu je to?
끄체무 예 또

그는(그녀는)무엇에 관해서 말하고 있는 것입니까?
O čem se mluví?
오쳄 세 물루비

무엇이 문제 입니까?
O co jde?
오쪼 이데

1) **co?**는 「무엇?」이라고 물을 때 사용한다. 앞에 전치사가 올 때는 **co**의 형이 바뀔 수 있지만, **čeho,čemu, čem**,「무엇?」이라고 하는 의미이다.
2)「누구의?」라고 말할 **Čí?** 를 사용한다.
3)「어느?」「어디의?」「어떤?」에 해당하는 것은 **který**이다.

일반표현

직업은? 고향(나라)은?

무엇을 하고 계십니까?(직업은?)
Co děláte?[3)]
쪼 젤라떼

나는 기자(남성)입니다.
Jsem žurnalista.
이셈 쥬르날리스따

당신은 어느 나라에 왔습니까?
Odkud jste?
오뜨꾸트 스떼

한국에서 왔습니다.
Jsem z Jižní Koreje.
이셈 즈 이즈니 꼬레예

나는 서울에서 왔습니다.
Jsem ze Soulu.
이셈 제 소울루

나는 한국인(남성)입니다.
Jsem Korejec.
이셈 꼬레예쯔

나는 한국인(여성)입니다.
Jsem Korejka.[4)]
이셈 꼬레이까

나는 학생(남성)입니다.
Jsem student.
이셈 스뚜덴뜨

나는 학생(여성)입니다.
Jsem studentka.
이셈 스뚜덴뜨까

어디에서 일하고 계십니까?
Kde pracujete.
그데 쁘라쭈예떼

저 분(남성)은 누구 입니까?
Kdo je ten pán?
그도 예 뗀 빤

이 사람은 웨셀리 씨 입니다.
To je pan Veselý.
또 예 빤 웨셀리

1)「누구?」에 해당하는 것은 **kdo?**이다.
2)출신, 국적은 **Odkud jste?** 또는 **Odkud pocházíte?**[오뜨꾸뜨 뽀하지떼]
3)직업에 관해서 물을때는 보통 **Co děláte?**「무엇을 하고 있습니까?」또는 **Kde pracujete?**「어디에서 일하고 있습니까?」라고도 한다.
4)국적이나 직업을 말할 때, 남성과 여성의 형은 틀리다. 여성형은 남성형에 **ka**가 붙는 것이 많다.

여기는 어디입니까?

우리는 지금 어디에 있습니까?
Kde teď jsme?[1)]
그데 때찌 스메

이것은 어떤 길입니까?
Co je to za[2] ulici?
쪼 예 또 자울리찌
Jaká je to ulice?
약까 예 또 울리쩨

이것은 네루다 거리입니다.
To je Nerudova ulice.
또 예 네루도와 울리쩨

이것은 어떤 역입니까?
Co je to za stanici?[3]
쪼 예 또 자 스따니찌

이건물은 무엇입니까?
Co je to za budovu?
쪼 예 또 자 도우

이길의 이름은 무엇입니까?
Jak se jmenuje tato ulice?
약 세 이메누에 따또 울리쩨

미안하지만, 민족극장은 어디입니까?
Promiňte, kde je Národní divadlo?
쁘로민떼 그데 에 나로드니 지바들로

전화는 어디에 있습니까?
Kde je telefon?
그데 예 뗄레혼

일반표현

어디 사십니까?
Kde bydlíte?
그데 비들리떼

친구 집에 삽니다.
Bydlím u přítele.
비들림 우 쁘르지뗄레

프라하 호텔에 있습니다.
Bydlím v hotelu Praha.
비들림 우호텔루 쁘라하

1)「어디?」에 해당하는 것은 **kde?** 이다. 탈 것에 타고 있으면서 지금 어느 곳에 있는지 모르게 되었을 때는 **Kde teď jsme?** 「우리들은 지금 어디에 있습니까?」라고 묻는다.
2)「.... 은 어디입니까?」는 **Kde je...** 가 된다.
3) **Co je to za.....** 는 구어적으로 말하는 방법으로「무엇이라고.....「어떤..... 」이라고 물을 때 사용한다.

얼마입니까?

이것은 얼마입니까?
Kolik to stojí?
꼴리끄 또 스또이

30코루나 입니다.
Třicet korun.
뜨르지쩻 꼬룬

이것으로 전부입니다.
To je všechno.
또 에 흐쉐흐노

일반표현

전부 얼마입니까?
Kolik to stojí dohromady?[2)]
꼴리그 또 스또이 도흐로마디

무료입니다.
Zadarmo. Zdarma.
자다르모 즈다르마

이것은 싸군요.
To je laciné.
또 예 라찌네

이것은 비싸군요.
To je drahé.
또 예 드라헤

잔돈을 가졌습니까?
Máte drobné?
마떼 드로브네

거스름 돈입니다.
Tady máte zpátky.[4)]
따디 마떼 스빠뜨끼

1) 어느 물건의 가격을 물을 때는 **Kolik to stojí?**이다.
2)여러 가지의 물건을 살 경우, 「이것으로 전부입니다.」라고 말할 때는 **To je všechno.**이다. 정리해서 지불하는 금액을 물을 때는 **Kolik to stojí dohromady?** 이다.
3)체코의 통화 단위는 **koruna**[꼬루나]로 약자는 **Kč** 이다. 1꼬루나는 **jedna koruna**,[예드나 꼬루나]2(3,4)꼬루나는 **dvě (tři, čtyři) koruny**, [드웨(뜨르지, 치띠르지)꼬르니]는 숫자(기수사)에 **korun**[꼬룬]을 붙인다.

4)잔돈은 drobné, 거스름 돈은 zpátky 또는 nazpět[나스뻬에뜨]이다.

어떻게 되었습니까?

무슨 일이 있었습니까?
Něco se stalo? Co se stalo?[1)]
네쪼 세 스딸로 쪼 세 스딸로

(당신에게)무엇이 있었습니까?
Co se vám stalo?[2)]
쪼 세 왐 스딸로

아니오, 아무것도 아닙니다.
Nic. To je v pořádku.
니쯔 또 예 프 뽀르자뜨꾸

무엇이 일어났습니까?
Co se děje?
쪼 세 제에

사정이 나쁜 것입니까?
Co je vám?[3)]
쪼 예 왐

아무것도 아닙니다.
To nic není.
또 니쯔 네니

기분이 나쁜 것입니다
Je mi špatně.
예 미 슈빠뜨네

일반표현

나는 머리가 아픕니다
Bolí mě hlava.[4)]
볼리 므네 홀라바

1)「무슨 일이 있었습니까?」라고 말할 때는 Něco se stalo? 나 Co se stalo?라고 묻는다. 지금 무엇이 일어나고 있는 경우는 Co se děje?이다.
2)「당신에게 있어서 무엇이 일어났습니까?」라고 구체적으로 묻는 경우에는 vám 「당신에게 있어서」를 넣는다.
3) 사람에 대해서 「당신 어떻게 됐습니까?」라고 말할 때는 Co je vám? 으로 된다.
4)「(나는)..... 이 아프다」라고 말할때는 Bolí mě ..... 로 된다.

갑시다

커피를 마시러 갑시다.
Půjdeme na kávu. Jdeme na kávu.[1)]
뿌이데메 나 까부 이데메 나 까부

어딘가로 먹으러 갑시다.
Půjdeme se někam najíst.
뿌이데메 세 네깜 나이스트

맥주를 마시러 갑시다.
Půjdeme na pivo.
뿌이데메 나 삐보(워)

어딘가로 마시러 갑시다.
Půjdeme se někam napít.
뿌이데메 세 네깜 나삣

그것을 보러 갑시다.
Půjdeme se na to podívat.
뿌이데메 세 나 또 뽀지왓

영화를 보러 갑시다.
Půjdeme do kina.
뿌이데메 도 끼나

집에 갑시다.
Půjdeme domů.
뿌이데메 도무

갑시다.
Půjdeme. Jdeme.
뿌이데메 이데메

어디를 갑니까?
Kam jdete?[2)]
깜 이데떼

성(城)에 갑니다.
Jdu na hrad.
이두 나 흐랏

1)「.....하러 갑시다.」「.....에 갑시다.」라고 말할 때는 **Půjdeme....**이나, **Pojďme** [뽀잇쯔메] 또는 **Jdeme....**를 사용한다. **Jdeme**의 쪽은「지금 곧 간다」라고 하는 경우에 사용한다.
2)**kam?**「어디로?」는,**kde?**「어디에?」와는 다르다. 또,「간다」라고 하는 동사는 걸어서 가는 경우와 타고 가는 경우와는 다르다. 걸어서 가는 경우는 **jít**로「내가 간다」는 **jdu**,「당신이 간다」는 **jdete**이다. 또 타고 가는 경우는 **jet**로「내가 간다」는 **jedu**[예두],「당신이간다」는 **jedete**[예데떼]이다.

... 을 좋아합니다.

나는 프라하가 정말 마음에 듭니다.
Praha se mi moc líbí.
빠라하 세 미 모쯔 리비

나는 드보르작을 좋아합니다.
Mám rád(a) Dvořáka.
맘 라뜨(라다) 드보르자까

프라하는 어떻습니까?
Jak se vám líbí Praha?[1)]
약 세 왐 리비 빠라하

정말 마음에 듭니다.
Moc se mi líbí.
모쯔 세 미 리비

오페라를 좋아합니까?
Máte rád(a) operu?
마떼 라뜨(라다) 오뻬루

1)「~이 마음에 든다」라고 하는 것은 **Líbí se...**로,「내가」라고 말하고 싶을 때는 **mi**「나에게 있어서」가 들어간다.「당신에게 있어서」는 **vám**이다. 2)「(나는).~을 좋아한다」로 말할 때는 **Mám rád(a)~**로 된다. 남성이 말하는 경우는 **rád**, 여성은 **ráda**이다.「당신은~ 을 좋아한다」는 **Máte rád(a)~** 이다.

왜 가지 않습니까?

왜 플젠에 가지 않았습니까?

Proč nejedete do Plzně?[1)]

뻐로츠 네에데떼 도 쁠즈녜

시간이 없기 때문입니다.

Protože na to nemám čas.[2)]

뻐로또줴 나 또 네맘 차스

왜 콘서트에 가지 않습니까?

Proč nejdete na koncert?

뻐로츠 네에데메 나 꼰쩨르뜨

이미 피곤하기 때문입니다.

Protože jsem už unavený.[3)]

뻐로또줴 셈 우쉬 우나웨니

1)「.....왜?」에 해당하는 것은 **Proč?**「왜냐하면」은 **Protože** 이다.

2)「(나는) 시간이 없다.」는 **Nemám čas**이다.「시간이 있습니까?」라고 묻는 경우는 **Máte čas?**로 된다.

3)「피곤하다」라고 여성이 말하는 경우에는 **unavená**로, 남성이 말할 때는 **unavený**로 된다.

2. 여러가지 대답 표현

긍정 찬성의대답

예 ; 그렇습니다.
Ano.
아노

물론입니다.
Ovšem.
오프셈

물론 ; 당연합니다.
Samozřejmě.
사모즈르제이메

물론 ; 분명합니다.
Jasně.
야스녜

물론; 충분히 알고 있다.
To se ví.
또 세 위

그렇습니다 ; 바로 그것입니다.
To je ono.
또 예 오노

확실히 : 물론
Jistě.
이스쩨

동의합니다.
Souhlasím.
소우흘라심

당신에게 동의합니다.
Souhlasím s vámi.
소우흘라심 스 와미

나는 찬성입니다.
Jsem pro.
이셈 쁘로

괜찮습니다. ; 좋습니다.
Dobrě. Dobrá.
도브르제 도브라

아주 괜찮습니다.
Výborně.
위보르네

올바르게 ; 바르게
Správně .
스쁘라우녜

그것은 정말입니다.
Přesně tak.
쁘르제스녜 딱

그대로 입니다. ; 그것은 정말입니다.
To je pravda.
또 예 쁘라우다

말씀하신 대로입니다. 당신이 옳습니다.
Máte pravdu.
마떼 쁘라우두.

반드시 ; 꼭
Určitě.
우르치쩨.

알았습니다.
Spolehněte se.
스뽈레흐녜떼 세

그렇다고 생각합니다.
Myslím, že ano.
미슬림 제 아노

기쁩니다.
S radostí.
스 라도스찌

물론입니다.
Beze všeho.
베제 프세호.

그것은 좋은 생각입니다.
To je dobrý nápad.
또 예 도브리 나빳

부정 불찬성의 대답

아니오 ; 틀립니다.
Ne.
네

결코 그렇지 않습니다.
Nikdy. ; Nikdy ne.
니그디 니그디 네

결코 ; 어떤 경우에도 그렇지 않습니다.
V žadném případě.
우 좌드넴 쁘르지빠제

전혀 그렇지 않습니다.
Vůbec ne.
위베쯔 네

아직입니다.
Ještě ne.
예스쩨 네

그것은 불가능합니다.
To není možné.
또 네니 모쥬네

설마! ; 천만에요.
Kdepak!
그데빡

설마! ; 생각이 미치지 못했습니다.
Ani nápad!
아니 나빳

나는 동의하지 않습니다.
Nesouhlasím.
네소우흘라심

나는 반대입니다.
Jsem proti.
이셈 쁘로찌

그것은 틀립니다.
To není pravda.
또 네니 쁘라우다

당신은 틀립니다.
Nemáte pravdu.
네마떼 쁘라우두

저는 그렇지 않다고 생각합니다.
Myslím, že ne.
미슬림 줴 네

나는 그것은 믿을수 없습니다.
Tomu nevěřím.
또무 네웨르쥠

나는 그것에 관해서 아무것도 모릅니다.
O tom nic nevím.
오 똠 니쯔 네윔

그것은 의미가 없습니다.
To nemá smysl. ; To nemá cenu.
또 네마 스미슬 또 네마 쩨누

예상 애매한 대답

그렇다고 할수 있고,
그렇지 않다고도 할수 있습니다.

Ano i ne.

아노 이 네

그럴지도 모릅니다.

Možná.

모쥬나

아마 ; 대략

Asi. Snad.

아시 스낫

아마 ; 꼭

Pravděpodobně.

쁘라우제뽀도브녜

아마 ; 십중팔구

Nejspíš.

네이스삐쉬

나는 모르겠습니다.

Nevím.

네윔

그렇게 일컬어지고 있습니다.

Říká se to.

르지까 세 또

두고 봅시다.
Uvidíme.
우위짐메

당신 좋으실데로
Jak chcete.
약 흐쩨떼

너 좋은데로.
Jak chceš.
약 흐쩨쉬

어느쪽도 좋습니다.
To je jedno.
또 예 예드노

나는 이쪽도 좋습니다.
Je mi to jedno. ; Mně je to jedno.
예 미 또 예드노 므녜 예 또 예드노

의문 놀람의 대답

그렇습니까?
Je to tak?
예 또 딱

정말입니까?
Je to pravda?
예 또 쁘라우다

그것은 있을 수 있습니까?
Je to možné?
예 또 모쥬네

정말?
Opravdu?
오쁘라우두

정말(진지한 말)?
Vážně ?
와쥬녜

정말(그런 말하지 마세요)!
Ale neříkejte!
알레 네르지께이떼

무엇이라고?
Cože?
쪼줴

어째서? ; 어떤일로?
Jak to?
약 또

그것은 의심스럽습니다.
To je pochybné.
또 예 뽀히브네

그것은 의심스럽다고 생각합니다.
Pochybuju o tom.
뽀히부유 오 똠

그것은 이상하군요 .
To je divné.
또 예 지우네

믿을 수 없습니다.
Nechce se mi tomu věřit.
네흐쩨 세 미 웨르짓(뜨)

이것은 놀랐습니다.
To je překvapení.
또 예 쁘르제끄와뻬니

우연이군요.
To je náhoda.
또 예 나호다

그렇게 되리라고는 생각하지 못했습니다.
To jsem nečekal(a).
또 셈 네체깔(라)

놀랐습니다.
To se divím.
또 세 지윔

잠깐만 서주십시오!
Představte si!
쁘르젯스따프떼 시

잠깐만 서!
Představ si!
쁘르젯스따프 시

아, 놀랐습니다.
To jsem se lekl(a)!
또 셈 세 레끌(라)

이거 안됐군!
To je hrůza!
또 예 흐루자

무슨일로! 세상에
Proboha.
쁘로보하

감탄 만족의 대답

좋습니다.
To je dobře.
또 예 도브레제

그것은 멋있습니다.
To je hezké. ; To je pěkné.
또 예 헤스께 또 예 뻬예끄네

그것은 멋있습니다.
To je báječné. ; To je nádherné.
또 예 바예츠네 또 예 나드헤르네

정말 기쁩니다.
Jsem velmi rád(a). ; To jsem rád(a).
이셈 웰미 라뜨(다) 또 셈 라뜨(다)

기쁩니다.
To mám radost.
또 맘 라도스뜨

그것으로 정말 기쁩니다.
Mám z toho velkou radost.
맘 스또호 웰꼬우 라도스뜨

그것은 운이 좋았습니다.
To je štěstí.
또 예 슈쪠스찌

나는 그것은 만족합니다.
Jsem s tím spokojený.
이셈 스 찜 스뽀꼬예니

그것은 정말 내 마음에 듭니다.
Moc se mi to líbí.
모쯔 세 미 또 리비

나는 기쁠것입니다.
Budu se těšit.
부두 세 쪠슛

나는 그것에 감동했습니다.
Jsem tím nadšený.
이셈 찜 나뜨쉔니

동정 낙담의 대답

안됐습니다.
Lituju.
리뚜유

그거 유감입니다.
To mě mrzí.
또 므녜 므르지

그거 안됐습니다. ; 동정합니다.
Je mi to líto.
예 미 또 리또

그것은 불운입니다 ; 운이 없습니다.
To je smůla ; To je neštěstí.
또 예 스물라 또 예 네슈쩨스찌

그거 유감입니다.
To je škoda.
또 예 슈꼬다

유감이지만, 정말입니다.
Bohužel, je to tak.
보후젤 예 또 딱

그가 오지 않은 것은 유감입니다.
Škoda, že nepřišel.
슈꼬다 줴 네쁘르지쉘

난 실망했습니다.
Jsem zklamaný.
셈 스끌라만니

불쌍하게도!
Chudák!
후닥

어떻게 하면 좋습니까?
Co se dá délat?
쪼 세 다 젤랏

어찌할 수도 없습니다.
Nedá se nic dělat.
네다 세 니쯔 젤랏

화가남 불만

안됩니다. ; 그렇게는 안됩니다.
To nejde.
또 네이데

이대로는 더 이상 안됩니다.
Takhle to dál nejde.
따끄흘레 또 달 네이데

그런 것은 보통이 아닙니다.
To se nedělá.
또 세 네젤라

정말 부끄러워!
To je hanba! To je ostuda!
또 예 한바 또 예 오스뚜다

정말 무례하군!
To je drzost!
또 예 드르조스뜨

도대체 그것은 어떤 일입니까?
Co to má znamenat?
쪼 또 마 즈나메낫

내 앞에 나타나지마!
Nechod' mi na oči!
네호찌 미 나 오치

그것에 관해서 전혀 말하고 싶지 않습니다.
Nechci o tom vůbec mluvit!
네흐찌 오 똠 우베쯔 물루윗

날 내버려 두세요! 단념해 주십시오!
Dejte mi pokoj!
데이떼 미 뽀꼬이

단념해! 날 좀 가만 나둬!
Dej mi pokoj!
데이 미 뽀꼬이

나는 그걸 충분히 가지고 있습니다.
Už toho mám dost.
우쉬 또호 맘 도스뜨

그만 두시오.
Nechte toho.
네흐떼 또호

그것은 관계 없습니다.
Na tom nezáleží.
나 똠 네잘레쥐

그것은 흥미가 없습니다.
To mě nezajímá.
또 므녜 네자이마

되물을 때

네? ; 무엇이라고요.
Ano? Prosím?
아노 쁘로심

무엇이 문제가 됩니까?
O co jde?
오 쪼 이데

그것은 어떤 의미입니까?
Co to znamená?
쪼 또 즈나메나

무어라고 말씀하셨습니까?
Prosím?
쁘로심

말씀하신 것을 모르겠습니다.
Nerozumím.
네로주밈

잘 들리지 않습니다만
Není slyšet.
네니 슬리쉣

좀더 천천히 말씀해 주시지 않겠습니까?
Můžete mluvit trochu pomaleji?
무줴떼 물루윗 뜨로후 뽀말레이

한번 더 말씀해 주시지 않겠습니까?
Můžete to říct ještě jednou?
무줴떼 또 르지츠뜨 예슈쩨 예드노우

반복해 주시겠습니까?
Můžete to zopakovat?
무줴떼 또 오빠꼬밧

실수

그것은 실수 입니다.
To je omyl.
또 예 오밀

당신의 실수 입니다.
Mýlíte se.
밀리떼 세

전화번호를 잘못알았습니다.
Spletl(a) jsem si číslo.
스쁠레뜰(라) 셈 시 치슬로

괜찮습니다 ; 걱정하지 마십시오.
Nebojte se.
네보이떼 세

나는 걱정입니다.
Mám strach.
맘 스뜨라흐

친한 사람에게 사용하는 것으로(a)는 여성에게 말할 때 사용 한다.

프라하「춤추는 건물」 포스트 모던 스타일로 유명

3. 시간에 관한 표현

언제 댁에 계십니까?

언제 댁에 계십니까?
Kdy budete doma?
그디 부데떼 도마

오늘 밤 나는 집에 있습니다.
Budu doma dnes večer.
부두 도마 드네스 웨체르

(남성에게)언제 한국에 도착하셨습니까?
Kdy jste přijel do Jižní Koreje?
그디 스떼 쁘르지옐 도 이쥬니 꼬레예

(여성에게)언제 한국에 도착하셨습니까?
Kdy jste přijela do Jižní Koreje?
그디 스떼 쁘르지옐라 도 이쥬니 꼬레예

3일 전입니다.
Před třemi dny.
쁘르젯 뜨르재미 드니.

체코에 되돌아 옵니까?
Kdy se vrátíte do Česka?
그디 세 우라찌떼 도 체스까

언제 출발합니까?
Kdy odjíždíte?.
그디 오드이쥬지떼

일주일내로
Za týden.
자 띠덴

언제 여기에 오셨습니까?
Od kdy jste tady?
오드 그디 스떼 따디

그제입니다.
Od předvčerejška.
오뜨 쁘르젯후체레이슈까

1) 때에 관해서 물을 때는 **kdy?** 「언제?」를 사용한다.
2) 「언제부터?」는 **od kdy?** 「언제까지」는 **do kdy?**이다.
3) 「...일 전, ...년 전」등 전을 나타낼 때는 **před**,「후」를 나타낼 때는 **za**를 사용한다.
4) 과거형은 남성과 여성에서 동사의 분사형이 틀린다. 남성은 **-l**, 여성은 **-la**가 된다.「나는」의 경우는 **jste**가 **jsem**이 된다.
5) 오늘, 어제, 내일이 부사로서 사용하는 경우는 **dnes, včera, zítra**이지만, 명사로서 사용하는 경우는 **dnešek**[드네쉐끄], **včerejšek**[후체레이쉐끄] **zítřek**[지뜨르쉐끄]가 된다. **od** 「...부터」나 **do**「...까지」가 오는 경우는 명사가 붙어 다음과 같이 된다.
ode(do) dneška[오데(도) 드네슈까]
od(do) včerejška[오뜨(도)후췌레이슈까]
od(do) zítřka[오드(도) 지뜨르슈까]

때, 시간

오늘	dnes	드네스
어제	včera	후쩨라
내일	zítra	지뜨라
그저께	předevčírem	쁘르제데후치렘
글피	pozítří	뽀지뜨르지
아침에	ráno	라노
새벽에	k ránu	끄라누
낮에	ve dne	웨드네
오전에	dopoledne	도뽈레드네
정오에	v poledne	흐뽈레드네
오후에	odpoledne	오뜨뽈르드네
저녁에	večer	웨치르
밤에	v noci	우 노치
새벽에	při východu slunce	쁘리지 위호두 술룬쩨
해질녘에	za šera	자쉐라
지금	teď	떼찌
현재	nyní	닌니
일몰에	při západu slunce	쁘르지 자빠두 슬룬쩨
한밤중에	o půlnoci	오뿔노찌
이 시각에	v tomto čase	후똠차세
그 저녁에	toho večera	또호 웨체라

그 날에	toho dne; v ten den	또호 드네 프뗀 덴
어느 날	jednoho dne	예드노호 드네
다음 날에	druhý den příští den	드루히 덴 쁘르지슈찌 덴
당시는	tehdy	떼흐디
오늘 아침	dnes ráno	드네스 라노
오늘 저녁	dnes večer	드네스 웨체르
내일 아침	zítra ráno	지뜨라 라노
내일 저녁	zítra večer	지트라 웨체르
방금	zrovna ted';právě	즈로브나 떼찌 쁘라웨
일찍이	kdysi; kdysi dávno	그디시 그디시 다우노
곧	hned	흐네뜨
조금 후에	za chvíli	자흐윌리
후에	potom; později	뽀똠뽀즈제이
조금아까	před chvílí	쁘르젯 흐윌리
아까, 조금전에	nedávno	네다우노
훨씬 전에	dávno	다우노
이전에	dříve	드르지웨
빨리	brzo; brzy	브르조 브르지
꼭; 시간내로	včas	후차스

시간에 관한 표현

될 수 있는	co (možná)	쪼 모쥬나
한 빨리	nejdříve	네이드르지웨
최근에	v poslední době	후뽀슬레드니 도베
옛날에	dávno	다우노
얼마 지나지 않아	brzo; brzy	브르조 브르지
하루종일	(po) celý den	뽀 리 덴
밤새도록	(po) celou noc	뽀 쩰로우 노쯔
1주일간	(po) celý týden	뽀쩰리 띠덴
1개월간	(po) celý měsíc	뽀 쩰리 므네시쯔
1시간마다	každou hodinu	까쥬도우 호진우
언제인가	někdy jindy	녜그디 인디
자주	často	차스또
때때로	občas	오프차스
언젠가	někdy	녜그디
보통(은) 대개	obvykle	오브위끌레
언제든지	vždy; vždycky	우쥬디 우쥬디쯔끼
끊임없이, 늘	stále; pořád	스딸레 뽀르잣
아주 ;결코	nikdy	니그디
드물게	málokdy zřídka	로그디 즈르지뜨까
드디어, 결국	nakonec	나꼬네쯔
마지막으로	konečně	꼬네츠녜
처음으로	poprvé	뽀쁘르웨

돌연(갑자기)	náhle; najednou	나흘레 나예드노우
5분마다	každou pátou minutu	까쥬도우 빠또우 미누뚜
하루 걸러	obden	오브덴
이틀에 한번	každý druhý den	까쥬디 드루히 덴
매일	každý den	까쥬디 덴
매년	každý rok	까쥬디 록

(po)는 강조할 때 사용한다

몇분 며칠 몇살 입니까?

여기부터 얄타 호텔까지 어느정도 입니까?
Jak daleko je odtud hotel Jalta?
약 달레꼬 예 오뜨뚜뜨 호텔 얄타

걸어서 약 10분 입니다.
Asi deset minut pěšky.
아시 데셋 미눗 뻬슈끼

부르노에서 당신은 얼마나 체재하셨습니까?
Jak dlouho jste byl v Brně?
약 들로우호 스떼 빌 우브르네

이틀입니다.
Dva dny.
드와 드니

부르노까지 어느 정도 걸립니까?
Jak dlouho trvá cesta do Brna?
약 들로우호 뜨르와 쩨스따 도 브르나

부르노까지 버스로 몇시간 걸립니까?
Kolik hodin asi trvá cesta
꼴릭 호진 아시 뜨르와 쩨스따
autobusem do Brna?
아우또부셈 도 브르나

2시간 반입니다.
Dvě a půl hodiny.
드웨 아 뿔 호지니

비행기로 코쉬쩨까지 얼마나 걸립니까?
Jak dlouho trvá cesta letadlem
약 들로우호 뜨르와 쩨스따 레따들렘
do Košic?
도 꼬쉬쯔

여기에 얼마나 체재하고 계십니까?
Jak dlouho jste tady ?
약 들로우호 스떼 따디

(지금부터)여기에 얼마나 체재하실 것입니까?
Jak dlouho tady budete?
약 들로우호 따디 부데떼

시간에 관한 표현

(지금부터)얼마나 체재하실 것입니까?
Jak dlouho se zdržíte?
약 들로우호 세 즈드르쥐떼

일주일입니다.
Týden.
띠덴

서울에서 며칠 체재하실 예정입니까?
Kolik dní budete v Soulu?
꼴릭 드니 부데떼 후소울루

5일간 입니다.
Pět dní.
뻬엣 드니

그는 몇 살입니까?
Kolik je mu let?
꼴릭 예 무 렛

2(3,4)년
dva (tři, čtyři) roky
드바 뜨르지 치띠르지 로끼

5(6,7)년
pět (šest, sedm) let [roků]
쉐스뜨 세듬 렛 로꾸

수년
několik let [roků]
네꼴릭 렛 로꾸

지금 몇시 입니까?

몇시 입니까 ?
Kolik je hodin?
꼴릭 예 호진

1시입니다.
Je jedna hodina.
예 예드나 호지나

지금 몇 시입니까?
Kolik je teď hodin?
꼴릭 예 떼찌 호지니

정확한 시간을 가르쳐 주시겠습니까?
Můžete mi říct, kolik je přesně hodin?
무줴떼 미 르지츠뜨 꼴리끄 예 쁘르제스녜 호진

1시 15분입니다.
Čtvrt na dvě.
치뜨우르뜨 나 드웨

1시 반입니다.
Půl druhé.
뿔 드루헤

1시 40분입니다.
Jedna čtyřicet.
예드나 치띠르지쩻

1시 45분입니다.
Tři čtvrtě na dvě.
뜨르지 치뜨우르쩨 나 드웨

2시 5분전입니다.
Za pět minut dvě.
자 뻬엣 미눗 드웨

2시입니다.
Dvě hodiny.
드웨 호지니

2시 5분입니다.
Dvě hodiny a pět minut.
드웨 호지니 아 뻬엣 미눗

정각 5시입니다.
Je přesně pět.
예 쁘르제스녜 뻬엣

7시가 되려는 참입니다.
Bude sedm hodin.
부데 세듬 호진

몇시에 만날까요?

몇시에 만날까요?
V kolik hodin se setkáme?
후 꼴릿 호진 세 셋뜨까메

오전 10시에
V deset hodin dopoledne.
우 데셋 호진 도뽈레드네

3시는 어떨까요.
Třeba ve tři.
뜨르제바 웨 뜨르지

제가 언제 오면 좋을까요?
Kdy mám přijít?
그디 맘 쁘르지잇

죄송하지만, 5시 지나서 와주십시오.
Prosím přijd'te po páté.
쁘로심 쁘르지이쯔떼 보 빠떼

죄송하지만, 2시간 지난후에 와주십시오.
Prosím přijd'te za dvě hodiny.
쁘로심 쁘르지이쯔떼 자 드웨 호지니

제레니 씨는 몇 시에 돌아옵니까?
V kolik hodin se vrátí pan Zelený?
후 꼴리끄 호진 세 우라찌 빤 젤레니

아마 6시 경입니다.
Asi v šest.
아시 후 쉐스뜨

콘서트는 몇시에 시작됩니까?
V kolik hodin začíná koncert?
후 꼴리끄 호진 자치나 꼰쩨르뜨

7시 반입니다.
V půl osmé.
후 뿔 오스메

이 가게는 몇 시까지 합니까?
Do kolika hodin je otevřen tento obchod?
도 꼴리까 호진 예 오떼우르젠 뗀또 오쁘호뜨

이 가게는 몇 시부터 합니까?
Od kolika hodin je otevřen tento obchod?
오뜨꼴리까 호진 예 오떼우르젠 뗀또 오쁘호뜨

시간에 관한 표현

「…몇시에?」는 v kolik hodin? [후 꼴리끄 호진]로,「…시에」는〈v (ve)+기수사〉이다. 구체적으로 다음과 같다.
「1시에」v jednu[우 예드누],「2시에」ve dvě [웨드웨] 「3시에」ve tři[웨 뜨르지]「4시에」ve čtyři[웨 치뜨르지], 「5시에」v pět[후삐엣], 「1시 반」은 v[o]půl druhé[후(오)뿔 드루헤]이다.
2.「오전의」「오후의」「저녁의」「아침의」「밤중의」라고 말하고 싶을 때는 시간 뒤에 각각 dopoledne]도뽈레드네], odpoledne[오뜨뽈레드네], večer[웨체르], ráno[라노], v noci [우노찌]를 붙인다. 24시간방식으로 말할 수도 있다.

오늘은 무슨 요일입니까?

오늘은 무슨 요일 입니까?
Co je dnes za den?
쪼 예 드네스 자 덴

Který den je dnes?
끄떼리 덴 예 드네스

내일은 무슨 요일입니까?
Který den bude zítra?
끄떼리 덴 부데 지뜨라

내일은 월요일입니다.
Zítra bude pondělí.
지뜨라 부데 뽄젤리

목요일에 시간이 있습니까?
Máte čas ve čtvrtek?
마떼 차스 웨 츠뜨우르떽

오늘은 무슨 축일(기념일)입니까?
Jaký svátek je dnes?
야끼 스와떽 예 드네스

오늘은 누구의 축일(명명일)입니까?
Kdo má dnes svátek?
그도 마 드네스 스와떽

1.「오늘은 무슨 요일?」이라고 묻는 방법에는 두 가지가 있다.
2.「…요일에」라고 말할는 방법은 별표를 참조하기로 한다.

요일

월요일	pondělí	뽄젤리
월요일에	v pondělí	후뽄젤리
화요일	úterý	우떼리
화요일에	v úterý	후우떼리
수요일	středa	스뜨르제다
수요일에	ve středu	웨스뜨르제두
목요일	čtvrtek	츠뜨우르떽
목요일에	ve čtvrtek	웨츠뜨우르떽
금요일	pátek	빠떽
금요일에	v pátek	후빠떽
토요일	sobota	소보따
토요일에	v sobotu	후소보뚜
일요일	neděle	네젤레
일요일에	v neděli	우네젤리
축제일	svátek	스와떽
축제일에	na svátek ve svátek	나스와떽 웨스와떽
휴일	volný den ve volný den	월니 덴 웨 월니 덴
평일	všední den	후쉐드니 덴
평일에	ve všední den pracovní den	웨후쉐드니 덴 쁘라쪼우니 덴
주말	víkend	위끄엔뜨

주말에	na víkend o víkendu	나위끄엔뜨 오위그엔두
이번 주에	tento týden	뗀또 띠덴
다음 주에	příšti týden	쁘르지슈띠 띠덴
지난 주에	minulý týden	미눌리 띠덴
이번 주 초에	začátkem tohoto týdne	자차뜨껨 또호또 띠덴
다음 주 중에	uprostřed příštího týdne	우쁘로스뜨르제뜨 쁘르지슈띠호 띠드네
지난 주말에	koncem minulého týdne	꼰쩸 미눌레호 띠드네

쿠트나 호라 -바로크 양식의 바브보라 성당

오늘은 며칠입니까?

오늘은 며칠입니까?
Kolikátého je dnes?[1)]
꼴리까떼호 예 드네스

오늘은 10월 1일 입니다.
Dnes je prvního října.
드네스 예 쁘르우니호 르지이나

언제 슬로바키아에 갑니까?
Kolikátého[2)]**pojedete na Slovensko?**
꼴리까떼호 뽀예데떼 나 슬로웬스꼬

8월 10일입니다.
Desátého srpna.
데사떼호 스르쁘나

당신 생일은 언제입니까?
Kdy máte narozeniny?
그대 마떼 나로젠닌니

내 생일은 2월 7일입니다.
Mám narozeniny sedmého února.
맘 나로제닌니 세드메호 우노라

당신은 몇 년에 태어나셨습니까?
Ve kterém roce jste se narodil(a)?[3)]
웨 끄때렘 로쩨 스떼 세 나로질(라)

1956년에 태어났습니다.

Narodil(a) jsem se v roce
나로질(라) 셈 세 우로쩨

devatenáct set padesát šest.[4)]
데와떼나스 세뜨 빠데사뜨 쉐스뜨

1) 「…월 …일, …월…일에」라고 할 때는 만자 날짜가 온 다음 다음 달이 온다. 날짜는 순서 수사의 어미 **-ý**를 **-ho**로 하고 (**-í**는 **-ího**로 한다.), 월은「…월의」이라고 말하는 형(별표 참조)을 붙인다.

2) 「며칠에?」라고 구체적으로 물을 때도 **kolikátého** [꼴리까떼호]이지만, 보통은 **kdy**[그디] 를 사용한다.

3) 「몇 년에?」라고 구체적으로 물을 때는**ve kterém roce?** [웨 끄떼렘 로쩨], 「…년에」라고 말할 때는 **v roce**[우 로쩨] 라고 말한 다음에 기수사가 온다.

4) 특히 연대에서 1100이상은 **tisíc**[띠시찌] 「천」을 사용하는 경우와 사용하지 않고 「몇십 몇백」 이라고 말하는 경우가 있다. 예를 들어 1900은 **tisíc devět set**[띠시찌 데웨뜨 세뜨]이나 **devatenáct set**[데와떼나스뜨 세뜨]가 된다.

프라하의 미쿨라쉬 성당 천정(바로크 양식)

달

1월	leden	우덴
1월에	v lednu	우 레드누
2월	únor	우노르
2월에	v únoru	우 우노루
3월	březen	브르젠
3월에	v březnu	우브르제즈누
4월	duben	두벤
4월에	v dubnu	우두부누
5월	květen	끄웨뗀
5월에	v květnu	후끄웨뜨누
6월	červen	체르웬
6월에	v červnu	우체르우누
7월	červenec	체르웬네쯔
7월에	v červenci	후체르웬찌
8월	srpen	스르뻰
8월에	v srpnu	후스르뻐누
9월	září	자르지
9월에	v září	우자르지
10월	říjen	르지옌
10월에	v říjnu	우 르지이누
11월	listopad	리스또빠뜨
11월에	v listopadu	우리스또빠두
12월	prosinec	쁘로시네쯔

12월에	v prosinci	후쁘로신찌
1월의	ledna	레드나
2월의	února	우노라
3월의	března	브르제즈나
4월의	dubna	두브나
5월의	května	끄웨뜨나
6월의	června	체르우나
7월의	července	체르웬쩨
8월의	srpna	스르쁘나
9월의	září	자르지
10월의	října	르지이나
11월의	listopadu	리스또빠두
12월의	prosince	쁘로신쩨
이번 달에	tento měsíc	뗀또 므네시쯔
다음 달에	příští měsíc	쁘르지슈찌 므네시쯔
지난 달에	minulý měsíc	미눌리 므네시쯔
이번 달 초순에	začátkem tohoto měsíce	자차뜨껨 또호또 므네시쯔
다음 달 중순에	uprostřed příštího měsíce	우쁘로스뜨르제뜨 쁘르지슈띠 므네시쩨
지난 달 말에	koncem minulého měsíce	꼰쩸 미눌레호 므네시쩨

계절

봄	jaro	야로
봄에	na jaře	나야르제
여름	léto	레또
여름에	létě	울레또
가을	podzim	뽀드짐
가을에	na podzim	나뽀드짐
겨울	zima	지마
겨울에	v zimě	우지므네
올해에	letos tento rok	레또스 뗀또 록
내년에	příští rok	쁘르지슈찌 록
작년에	loni,vloni; minulý rok	로니,울로니 미눌리 록
올해 초에	začátkem tohoto roku	자차뜨껨 또호또 로꾸
내년 중순에	uprostřed příštího roku 우쁘로스뜨르제뜨 쁘르지슈찌호 로꾸	
지난해 말에	koncem minulého roku 꼰쩸 미눌레호 로꾸	
올(작년)봄에	letos(vloni) na jaře	레또스(울로니) 나야르제
올(작년)여름에	letos(vloni) v létě	레또스(울로니) 우레쩨

올(작년)가을에	letos(vloni) na podzim	레또스(울로니) 나뽀드짐
올(작년)겨울에	letos(vloni) v zimě	레또스(울로니) 우지므네
20세기에	ve dvacátém století	웨 드와짜뗌 스똘레찌
전쟁 중에	za války	자왈끼
현대에 있어서	v současné době	후소우차스네 도웨
부활절에	o velikonocích	오웰리꼬노찌흐
크리스마스에	o vánocích	오와노찌흐
신년에	na Nový rok	나노위록

올로모우쯔 광장

4. 수, 무게, 온도 등에 관한 표현

몇 번째 입니까?

프라하에 온 것이 몇 번째 입니까?
Po kolikáté jste v Praze?
뽀 꼴리까떼 스떼 후쁘라제

처음 입니다.
Poprvé.
뽀쁘르웨

2번째 입니다.
Podruhé.
뽀드루헤

나는 쁠젠에 처음 왔습니다.
Jsem poprvé v Plzni.
이셈 뽀쁘르웨 후쁠즈니

당신은 몇 번 한국에 오셨습니까?
Kolikrát jste byl (a) v Koreji?
꼴리끄라뜨 스떼 빌(라) 후 꼬레이

1번입니다.(2번 입니다).
Jenom jednou.(Dvakrát.)
예놈 에드노우(드와끄라드)

필수어휘

1번	jednou	예드노우
처음	poprvé	뽀쁘르웨
2번	dvakrát	드와끄리뜨
두번째	podruhé	뽀드루헤
3번	třikrát	뜨르지끄라뜨
세번째	potřetí	뽀뜨르지찌
4번	čtyřikrát	치띠르지끄라뜨
네번째	počtvrté	뽀츠뜨우르떼
10번	desetrát	데세뜨끄라뜨
열번째	podesáté	뽀데사떼
몇 번인가	několikrát	녜꼴리끄라뜨
몇 번도	mnohokrát	므노호끄라뜨
하루에 2회	dvakrát denně	드와끄라뜨 덴녜,
1주일에 3회	třikrát týdně ;třikrát za týden 르지끄라뜨띠드녜, 뜨 뜨르지끄라뜨 자띠덴	
1개월에 4회	čtyřikrát měsíčně ;čtyř ikrát za měsíc 츠띠르지끄라뜨 므녜시츠녜, 츠띠르지끄라뜨 자므녜시츠	
1년에 1회	jednou ročně , jednou za rok	예드노우 로츠녜, 예드노우 자록
다시 한 번	ještě jednou	예스쩨 예드노우

수, 무게, 온도 등에 관한 표현

무게및 온도

이것의 무게는 어느 정도 입니까?
Kolik to váží?
꼴리끄 또 와쥐

3킬로그램 입니다.
Tři kila.
뜨르리 낄라

부르노까지 몇 킬로입니까?
Kolik kilometrů je do Brna?
꼴리끄 낄로메뜨루 예 도 브르나

100킬로 미터입니다
Sto kilometrů.[1)]
스또 낄로메뜨루

당신의 키는?
Kolik měříte?
꼴리끄 므녜르지떼

당신의 몸무게는?
Kolik vážíte?
꼴리 그 와쥐

몇 도입니까?
Kolik je stupňů?[2)]
꼴리끄 예 스뚜쁘누

10도 입니다.
Je deset stupňů.
예 데세뜨 스뚜쁘누

영하 10도 입니다.
Je deset stupňů pod nulou.
예 데세뜨 스뚜쁘누 뽀뜨 눌로우

1) 「몇 미터」는 **kolik metrů** [꼴리끄 메뜨루] 「몇 그램?」은 **kolik gramů?**, [꼴리끄 그라무]「몇 리터?」는 **kolik litrů?** [꼴리끄 리뜨루]이다.
2) 「몇 개?」 는 **kolik kusů?** [꼴리끄 꾸수] 「몇 사람?」**kolik lidí?** [꼴리끄 리지]은 보통 이다.
3) 그램으로 말 할 때는 **deka**【데카】(=10그램)를 사용하는 경우가 많고, **100g** 은 **deset deka** [데세뜨 데까] 200g은 **dvacet deka** [드와쩨뜨 데까]로 된다.

쥬다르낫 사자보우의 성 네포무쯔키 교회

길이	délka	델까
면적	rozloha	로즐로하
폭, 넓이	šířka	쉬르슈까
직경	průměr	쁘루므녜르
높이	výška	위슈까
반경	poloměr	뽈로므녜르
깊이	hloubka	흘로우쁘까
원주	obvod	오브워뜨
두께	tloušťka	뜰로우슈찌까
신장	výška	위슈까
거리	vzdálenost	우즈달레노스뜨
체중	váha	와하
미터	metr	메뜨르
1미터	〔jeden〕metr	예덴 메뜨르
1(3,4)미터	dva〔tři, čtyři〕metry 드와 뜨르지 치띠르지 메뜨리	
5(6…)미터	pět〔šest…〕metrů	뻬뜨 쉐스뜨 메뜨루
1.5미터	metr a půl	메뜨르 아 뿔
2.5 미터	dva metry a půl=dva a půl metru 드와 메뜨리 아 뿔 = 드와 아 뿔 메뜨르	
센티미터	centimetr	센띠메뜨르
밀리미터	milimetr	밀리메뜨르
킬로미터	kilometr	낄로메뜨르

평방미터	čtvereční metr	츠뜨웨레츠니메뜨르
평방 킬로미터	čtvereční kilometr 츠뜨웨레츠니 낄로메뜨르	
헥타르	hektar	헥따르
무게, 중량	váha, hmotnost	와하 흐모뜨노스뜨
용량	kapacita	까빠찌따
그램	gram	그람
1그램	(jeden)gram	예덴 그람
2 (3,4)그램	dva〔tři,čtyři〕gramy 드와 뜨르지 치띠르지 그람	
5(6)그램	pět〔šest〕gramů	뻬뜨 쉐스뜨 그람무
10그램	deka; dekagramy	데까 데까그람
100그램	deset deka	데세뜨 데까
250그램	čtvrt kila	츠뜨우르뜨 낄라
500그램	půl kila	뿔 낄라
킬로그램	kilo; kilogram	낄로 낄로그람
1킬로그램	(jedno) kilo	예드노 낄로
2(3,4)킬로그램	dva〔tři,čtyři〕kila	드와 뜨르지 치띠르지 낄라
5(6)킬로그램	pět〔šest〕kil	뻬뜨 낄
톤	tuna	뚜나
1톤	(jedna) tuna	예드나 뚜나
2(3,4)톤	dvě〔tři,čtyři〕tuny 드웨 뜨르지 치띠르지 뚜니	

5(6…)톤	pět〔šest…〕tun	뻬뜨 뚠
리터	litr	리뜨르
1리터	(jeden)litr	예덴 리뜨르
2(3,4)리터	dva〔tři,čtyři〕litry	드와 뜨르지 치띠르지 리뜨리
5(6…)리터	pět〔šest…〕litrů	뻬뜨 쉐스뜨 리뜨루
온도: 체온	teplota; tělesná teplota	떼쁠로따, 쩰레스나 떼쁠로따
도	stupeň	스뚜뻰
1도	jeden stupeň	예덴 스뚜뻰
2(3,4)도	dva〔tři,čtyři〕stupně	드와 뜨르지 치띠르지 스뚜쁘녜
5〔6…)도	pět〔šest…〕stupňů	뻬뜨 쉐스뜨 스뚜쁘누
영상	nad nulou; plus	나드눌로우, 쁠루스
영하	pod nulou; minus	뽀드 눌로우, 미누스
섭씨	Celsius	쩰시우스
섭씨15도	patnáct stupňů Celsia	빠뜨나스뜨 스뚜쁘뉴 쩰시아
화씨	Fahrenheit	화흐렌헤이뜨

기수사

0	nula	눌라
1	jeden, jedna jedno	예덴, 예드나 예드노
2	dva, dvě	드와, 드웨
3	tři	뜨르지
4	čtyři	치띠르지
5	pět	뻬뜨
6	šest	쉐스뜨
7	sedm	세듬
8	osm	오슴
9	devět	데웨뜨
10	deset	데세뜨
11	jedenáct	예덴나스
12	dvanáct	드와나스
13	třináct	뜨르지나스
14	čtrnáct	츠뜨르나스
15	patnáct	빠뜨나스
16	šestnáct	쉐스나스
17	sedmnáct	세듬나스
18	osmnáct	오슴나스
19	devatenáct	데와떼나스
20	dvacet	드와쩨뜨
21	dvacet jedna, jedenadvacet	

		드와쩨뜨 예드나 예덴아드와쩨뜨
22	dvacet dva, dvaadvacet	드와쩨뜨 드와
30	třicet	뜨르지쩨뜨
40	čtyřicet	치띠르지쩨뜨
50	padesát	빠데사뜨
60	šedesát	쉐데세사뜨
70	sedmdesát	세둠데사뜨
80	osmdesát	오숨데사뜨
90	devadesát	데와데사뜨
100	sto	스또
101	sto jedna	스또 예드나
110	sto deset	스또 데세뜨
111	sto jedenáct	스또 예데나스
200	dvě stě	드웨 스쩨
300	tři sta	뜨르지 스따
400	čtyři sta	츠띠르지 스따
500	pět set	뻬뜨 세뜨
600	šest set	쉐스뜨 세뜨
700	sedm set	세둠 세뜨
800	osm set	오숨 세뜨
900	devět set	데웨뜨 세뜨
1000	tisíc	띠시찌

1001	tisíc jedna	띠시찌 예드나
2000	dva tisíce	드와 띠시찌
3000	tři tisíce	뜨르지 띠시쩨
4000	čtyři tisíce	츠띠르지 띠시쩨
5000	pět tisíc	뻬뜨 띠시찌
6000	šest tisíc	쉐스뜨 띠시찌
10000	deset tisíc	데세뜨 띠시쯔
10만	sto tisíc	스또 띠시쯔
100만	milion	밀리온

계산

2+3=5	dvě a tři je pět 드와 아 뜨르지 예 뻬뜨
4−2=2	čtyři bez dvou jsou dvě 츠띠르지 베즈 드워우 소우 드웨
6×7=42	šestkrát sedm je čtyřicet dva 세스뜨끄라뜨 세듬 예 츠띠르지쩨뜨 드와
10÷2=5	deset děleno dvěma je pět 데셋 젤레노 드웨마 예 뻬뜨

순서 수사

제1의	první	쁘르우니
제2의	druhý	드루히
제3의	třetí	뜨르지찌
제4의	čtvrtý	츠뜨우르띠
제5의	pátý	빠띠
제6의	šestý	쉐스띠
제7의	sedmý	세둠미
제8의	osmý	오숨미
제9의	devátý	데와띠
제10의	desáty	데사띠
제11의	jedenactý	예덴나스띠
제12의	dvanáctý	드와나쓰띠
제13의	třináctý	뜨르지나스띠
제14의	čtrnáctý	츠뜨르나스띠
제15의	patnáct	빠뜨나스띠
제16의	šestnáctý	쉐스나스띠
제17의	sedmnáctý	세둠나스띠
제18의	osmnácty	오숨나스띠
제19의	devatenáct	데와떼나스뜨
제21의	dvacátý první , jedenadvacátý 드와짜띠 쁘르우니, 예덴아드와짜띠	
제30의	třicátý	뜨르지짜띠
제40의	čtyřicátý	츠띠르지짜띠

수, 무게, 온도 등에 관한 표현

제50의	padesátý	빠데사띠
제60의	šedesátý	쉐데사띠
제70의	sedmdesátý	세듬데사띠
제80의	osmdesátý	오슴데사띠
제90의	devadesátý	데와데사띠
제100의	stý	스띠
제101의	stý první	스띠 쁘르우니
제1000의	tisící	띠시찌
1만의	desetitisící	데세찌띠시찌
제100만의	milióntý	밀리온띠

쥬다르낫 사자 보우의 성 네포무쯔키 교회

수명사

0	nula	눌라
1	jednička	예드니츠까
2	dvojka	드워이까
3	trojka	뜨로이까
4	čtyřka	츠띠르지까
5	pětka	뻬뜨까
6	šestka	쉐스뜨까
7	sedmička	세둠미츠까
8	osmička	오숨미츠까
9	devítká	데위뜨까
10	desítka	데시뜨까
11	jedenáctka	예덴나스까
12	dvanáctka	드와나스까
15	patnáctka	빠뜨나스까
20	dvacítka	드와찌뜨까
21	jednadvacítka	예드나드와찌뜨까
30	třicítka	뜨르지찌뜨까
100	stovka	스또흐까

종류 수사

1	jedny	예드니
2	dvoje dvojí, oboje;obojí	쁘리지 위호두 숱룬쩨
3	troje; trojí	뜨로예, 뜨로이
4	čtvery; čtverý	츠뜨웨리, 츠뜨웨리
5	patery; paterý	빠떼리, 빠떼리

♣수명사는 전차, 버스 번호, 성적, 맥주의 도수(10도, 12도)나 포도주 병의 크기 등에 사용한다.
♣종류수사는 「…종류의~」라고 말할 때, 또는 1개로 복수형을 나타내는 명사(안경)**brýle**[브릴레],「바지」kalhoty[깔호띠] 등)의 수를 셀 때 등에 사용한다.

분수, 소수

1/2	(jedna) polovina půl, půlka	예드라 뽈로위나 뿔, 뿔까
1/3	třetina	뜨르제찌나
1/4	čtvrtina, čtvrt, čtvrtka 츠뜨우르찌나, 츠뜨우르뜨, 츠뜨우르뜨까	
1/5	pětina	뻬찌나
1/6	šestina	쉐스찌나
1/7	sedmina	세두미나
1/8	osmina	오수미나
1/9	devítina	데위찌나
1/10	desetina,desítina	데세찌나, 데시찌 나
1/20	dvacetina	드와세찌나
2/3	dvě třetiny	드웨 뜨르제찌나
3/4	tři čtvrtiny	뜨르지 츠뜨우르찌나
1/100	setina	세찌나
5/8	pět osmin	뻬뜨 오스민
0.1	nula celá jedna	눌라쩰라예드나
0.01	nula celá nula jedna	눌라 쩰라 눌라 예드나
1.2	jedna celá dvě	예드나쩰라 드웨
3.35	tři celé třicet pět (setin) 뜨르지 쩰라 뜨르지쩨뜨 뻬뜨(세스찐)	

수량을 나타내는 말

모두(남성.생물)	všichni	후쉬흐니
모두(여성.물체)	všechny	후쉐흐니
진부	všechno, všecko, vše	브노호, 호드녜, 모쯔
반	půl, půlka	뿔, 뿔까
짝:벌:쌍	pár	빠르
2대:2조	dva páry	드와 빠리
5대:5조	pět párů	뜨 빠루
다스	tucet	뚜쩻
반다스	půl tuctu	뿔 뚜쯔뚜
2다스	dva tucty	드와 뚜쯔띠
많이	mnoho, hodně, moc	므노호, 호드녜, 모쯔
적게	málo, trochu	말로, 뜨로후
너무많이	příliš mnoho	쁘르질리쉬, 므노호
너무 적게	příliš málo	쁘르질리쉬 말로
보다 많게	více	위쩨
보다 적게	méně	멘녜
약	asi, okolo	아시, 오꼴로
꼭(마치)	přesně, akorát	쁘르제스녜, 아꼬랏
상당히: 충분히	dost	도스뜨
얼마나	několik	녜꼴릭
그만큼그렇게 많이	tolik	똘릭

C.주제별 체코어 회화

1.출입국, 세관
2.여행
3.비행기
4.철도
5.배
6.시외버스
7.호텔
8.시내교통
9.물건사기
10.식사
11.통신
12.인간관계
13.민족,정치,종교
14.직업
15.가족
16.연령
17.결혼
18.성격,대인관계
19.건강과 진료
20.주거
21.복장
22.문화 예술
23.교육학교
24.문화예술
25.스포츠 레저
26.자연

1. 출입국 세관

출입국검사

패스포트를 보여 주세요.
Váš pas, prosím.
와쉬 빠스 쁘로심

당신은 관광객입니까?
Jste turista?
이스떼 뚜리스따

예, 나는 한국에서 온 관광객입니다.
Ano. Jsem turista z Jižní Koreje.
아노 이셈 뚜리스따 즈 이즈니 꼬레예

아니오, 일 때문에 왔습니다.
Ne. Jsem na služební cestě.
네 이셈 나 슬루줴브니 쩨스쩨

나는 공부하러 여기 왔습니다.
Jsem tady na studiu.
이셈 따디 나 스뚜디우

당신의 수화물은 어느 것 입니까?
Která zavazadla jsou vaše?
끄떼라 자와자들라 소우 와쉐

이 슈트케이스와 핸드백 2개 입니다.
Tenhle kufr a ty dvě kabely.
뗀흘레 꾸흐르 아 띠 드웨 까벨리

슈트케이스를 열어 주시오.
Otevřete tento kufr.
오떼우르제떼 뗀또 꾸흐르

신고할 것이 있습니까?
Máte něco k proclení?
마떼 녜쪼 끄 쁘로쯜레니

아니오, 없습니다.
Ne, nic.
네, 니쯔

신고할 것은 없습니다.
Nemám nic k proclení.
네맘 니쯔 끄 쁘로쯜레니

내 개인 용품입니다.
Mám jen osobní věci.
맘 옌 오소브니 웨찌

환전

환전소는 어디 입니까?
Kde je směnárna?
그데 예 스므녜나르나

공항, 역, 호텔, 은행에 있습니다.
Je na letišti, na nádraží v hotelu
예 나 레띠쉬띠, 나나 드라쥐, 우 호뗼루
a v bance.
아 우 반쩨.

환전하고 싶습니다.
Chtěl(a) bych vyměnit peníze.
흐쩰(라) 비흐 위므녜니뜨 뻬니제.

달러를 코루나로 환전하고 싶습니다.
Chtěl(a) bych vyměnit dolary za
흐쩰(라) 비흐 위므녜니뜨 돌라리 자
koruny.
꼬루니

깊이 70여 미터의 프라하 지하철 역 디자인
말로스트란스카 역 (소지구역)

2. 여행

일반여행

언제 여행을 떠납니까?
Kdy budete cestovat?
그디 부데떼 쩨스또와트

어디로 갑니까?
Kam pojedete?
깜 뽀예데떼

외국으로 갑니다.
Pojedu do ciziny.
뽀예두 도 찌지니

당신의 여행 목적은 무엇입니까?
Jaký je cíl vaší cesty?
야끼 예 찔 와쉬 쩨스띠

나는 일 때문에 갑니다.
Pojedu na služební cestu.
뽀예두 나 슬루줴브니 쩨스뚜

나는 휴가 갑니다.
Pojedu na dovolenou .
뽀예두 나 도월레노우

무엇으로 가십니까?
Čím pojedete?
침 뽀예데떼

비행기로 갑니다.
Poletím letadlem.
뽈레뛈 레따들렘

언제 돌아옵니까?
Kdy se vrátíte?
그디 쎄 브라뛰떼

여행은 어땠습니까?
Jaký byl zájezd?
야끼 빌 자예스트

정말 즐거웠습니다.
Bylo to moc dobré.
빌로 또 모쯔 도브레

좋은 여행 되세요.
Šťastnou cestu!
쉬짜스노우 쩨스투

나는 여행을 취소합니다.
Zruším cestu.
즈루쉼 쩨스뚜

여행

3. 비행기

표, 수화물

비행기표 예약은 어디에서 합니까?
Kde si můžu rezervovat letenku?
그데 씨 무쥬 레제르워와뜨 레뗀꾸

서울까지 항공권은 어디에서 살수 있습니까?
Kde si můžu koupit letenku do Soulu?
그데 씨 무쥬 꼬우삐뜨 레뗀꾸 도 소울루

항공권 예약을 할 수 있습니까?
Můžetě mi rezervovat letenku?
무줴떼 미 레제르워와뜨 레뗀구

런던까지 항공권은 얼마입니까?
Kolik stojí letenka do Londýna?
꼴리끄 스또이 레뗀까 도 론디나

수화물은 어느 정도까지 소지할 수 있습니까?
Jak těžké zavazadlo si můžu vzít do letadla?
약 떼쉬께 자와자들로 씨 무쥬 브지뜨 도 레따들라

이 예약을 취소하고 싶습니다.
Chtěl(a) bych tento let zrušit.
흐쩰(라) 비흐 뗀또 레뜨 즈루쉿

예약을 변경하고 싶습니다.
Chtěl(a) bych změnit rezervaci.
흐쩰(라) 비흐 즈므녜닛 레제르와찌

이 예약을 확인하고 싶습니다.
Chtěl(a) bych tento let znovu potvrdit.
흐쩰(라) 비흐 뗀또 레뜨 즈노부 뽀뜨브르디뜨

탑승수속, 발착, 소요시간

비행장(공항)까지 어떻게 가면 좋습니까?
Jak se dostanu na letiště?
약 쎄 도스따누 나 레뛰쉬뜨떼

이 버스는 비행장에 갑니까?
Jede tenhle autobus na letiště?
예데 뗀홀레 아우또부스 나 레뛰쉬뜨떼

파리 행 비행기는 몇 시에 출발 합니까?
V kolik hodin odlétá letadlo do
프 꼴리크 호딘 오들레따 레따들로 도
Paříže?
빠르지줴

프랑크푸르트 발 비행기는 몇 시에 도착합니까?
V kolik hodin přilétá letadlo z
프 꼴리끄 호딘 쁘르질레따 . 레따들로 스
Frankfurtu?
프란끄푸루뚜

얼마나 늦어지고 있습니까?
Jak velké má zpoždění?
약 웰게 마 스뽀쥐뎨뉘

비행기

기내

내 좌석은 어디입니까?
Kde je moje místo?
그데 예 모예 미스또

승객 여러분, 조금 있으면 이륙합니다.
Vážení cestující, budeme brzy
와줴뉘 쩨스뚜이찌, 부데메 브르지
startovat.
스따르또와뜨

프라하와 모스크바의 시차는 어느 정도 입니까?
Jaký je časový rozdíl mezi Prahou
야끼 예 차소위 로즈딜 메지 쁘라호우

a Moskvou?
아 모스끄워우

2시간 입니다.
Dvě hodiny.
드웨 호뒤니

기분은 어떻습니까?
Jak se cítíte?
약 쎄 찌뛰떼

고맙습니다, 쾌적합니다.
Děkuju, dobře.
제꾸유, 도브르제

기분이 나쁩니다. 뭔가 약을 주시지 않겠습니까?
Je mi nevolno.
예 미 네월노

Můžete mi dát nějaký lék?
무줴떼 미 다뜨 녜야끼 레끄

베게를 빌려주시겠습니까?.
Dejte mi polštář, prosím.
데이떼 미 뽈쉬따르쉬, 쁘로씸.

물을 한 컵 부탁합니다.
Dejte mi sklenici vody, prosím.
데이떼 미 스끌레니찌 워디, 쁘로씸.

비행기

화물인수

화물은 어디서 인수합니까?
Kde dostanu zavazadlo?
그데 도스따누 자와자들로

화물이 보이지 않습니다.
Nenašel(šla) jsem svoje zavazadlo.
네나쉘(쉴라) 셈 스워예 자와자들로

여기 화물표가 이것입니다.
Tady je zavazadlový lístek.
따디 예 자와자들로위 리시떼끄.

Tip

프라하 루지네 국제 및 국내공항은 프라하에서 서북쪽 약 25km 떨어진 루지네 (Ruzyně)에 있다. 버스가 있고 합승택시 또는 일반 택시로 20-30분 정도 걸린다. 지하철 A선 데이비츠카 (Dejvická)역에서 공항 버스를 타도 된다 (약 20-30분). OK라고 표시하는 〈체코항공〉(ČSA체에스 아-České aerolinie)의 여객기가 날으며 티켓은 공항 및 시내 ČSA영업소나 기타 여행사에서 구입할 수 있다.

4. 철도

표,수화물

표는 어디에서 팔고 있습니까?
Kde se prodávají jízdenky?
그데 쎄 쁘로다와이 이스뎅끼

브르노까지 1등석 1장 주십시오.
Brno, jednu jízdenku první třídy, prosím.
브르노, 예드누 이스뎅꾸 쁘르브뉘 뜨르지디, 쁘로씸.

브르노까지 급행으로 1등석 1장 주십시오.
Prosím, jednu jízdenku první třídy na rychlík do Brna.
쁘로씸, 예드누 이스뎅꾸 쁘르브뉘 뜨르지디 나 리흘리끄 도브르나

흡연석입니까, 금연석 입니까?
Kuřáky nebo nekuřáky?
꾸르자끼 네보 네꾸르자끼

금연석을 부탁합니다.
Nekuřáky, prosím.
네꾸르자끼, 쁘로씸.

1등입니까, 2등 입니까?
První nebo druhá třída?
쁘르브니 네보 드루하 뜨르지다

이 차표를 취소할 수 있습니까?
Můžu vrátit tuto jízdenku?
무쥬 브라뛰뜨 뚜또 이스뎅꾸

수화물 맡기는 곳은 어디 입니까?
Kde je úschovna zavazadel?
그데 예 우스호브나 자와자델

내일까지 슈트케이스 2개를 맡기겠습니다.
Nechám si tu do zítřka dva kufry.
네함 씨 뚜 도 지뜨르쉬까 드와 꾸프리

1개에 얼마입니까?
Kolik se platí za kus?
꼴리끄 쎄 쁠라찌 자 꾸스

몇 시까지 엽니까?
Do kolika hodin je otevřeno?
도 꼴리까 호딘 예 오떼브르제노

발착

빈 행 열차는 어느 역에서 출발합니까?

Z kterého nádraží jedou vlaky do

스끄떼레호 나드라쥐 예도오 블라끼 도

Vídně?

위드녜

열차 시간표는 어디에 있습니까?

Kde je jízdní řád?

그데 예 이스드뉘 르자뜨

브라티슬라바행 열차는 몇 시에 출발합니까?

V kolik hodin odjíždí vlak do

프 꼴리끄 호딘 오드이쥐뒤 블라끄 도

Bratislavy?

브라띠슬라위

뮌헨 열차는 몇 시에 도착 합니까?

V kolik hodin přijíždí vlak

프꼴리끄 호딘 쁘르지이쥐뒤 블라끄

z Mnichova?

즈 므니호와

뮌헨까지 갈아 타지 않고 갈 수 있습니까?

Jede ten vlak přímo do Mnichova?

예덴 뗀 블라끄 쁘르지모 도 므니호와

어디에서 갈아타야 합니까?

Kde mám přestoupit?

그데 맘 쁘르제스또우삐뜨

철도

다음 열차는 언제 갑니까?
Kdy jede příští vlak?
그디 예데 쁘르지쉬뛰 블라끄

차안

미안하지만, 이 좌석은 비어 있습니까?
Promiňte, je tady volno?
쁘로미뉘떼, 예 따디 월노

예, 비어 있습니다.
Prosím.
쁘로씸.

아니오, 손님이 있습니다.
Ne. Je tu obsazeno.
네, 예 뚜 오프싸제노

여기는 나의 좌석이라고 생각합니다만.
Myslím, že tady je moje místo.
미슬림, 줴 따디 예 모예 미스또.

여기는 흡연 좌석 입니까?
Tady jsou kuřáci?
따디 소우 꾸르자찌

아니오, 금연석 입니다.
Ne, tady jsou nekuřáci.
네, 따디 소우 네꾸르자찌.

철도

이 열차에는 식당차가 있습니까?
Je v tomto vlaku jídelní vůz?
예 쁘 똠또 블라꾸 이델뉘 부스

식당차는 어디 입니까?
Kde je jídelní vůz?
그데 예 이델뉘 부스

전기를 꺼도 될까요?
Můžu zhasnout?
무쥬 즈하스노우뜨

차표를 보겠습니다.
Jízdenky, prosím.
이스뎅끼, 쁘로씸.

어디로 가십니까?
Kam jedete?
깜 예데떼

다음 역은 어디 입니가?
Jaká je příští stanice?
끄때라 예 쁘르지쉬뛰 스따뉘쩨

이 역은 무엇이라고 하는 역 입니까?
Jak se jmenuje tato stanice?
약 쎄 이메누예 따또 스따뉘쩨

차표를 분실했습니다.
Ztratil(a) jsem jízdenku.
스뜨라띨(라) 셈 이스뎅꾸.

철도

열차 속에 가방을 잊고 내렸습니다.
Zapomněl(a) jsem kufřík ve vlaku.
자뽀므냐(라) 셈 꾸프르지그 웨 브라꾸

Tip

도시 사이의 이동은 물론 철도가 편리하지만 비교적 가까운 곳은 시외 장거리 버스쪽이 시간이 정확하다. 장거리 버스는 전 좌석이 지정이므로, 미리 표를 사 두는 쪽이 확실하다. 자리가 비어 있으면 예약이 없이도 탈 수 있는데 그 경우는 버스 속에서 표를 산다. 프라하에는 철도 역이 몇개 있는데 주요한 것은「중앙역 Hlavní nádraží」,「홀레쇼비쩨역 Holešovice nádraží」와「마사릭 역 Masarykovo nádraží」이 있다. 국제 열차는 주로 중앙역과 홀레쇼비쩨역에서 국내선은 마사릭역이 많은데 일단 승차 역을 확인하는 것이 좋다. 차표는 역에서 사지만 국영여행사「체도크」와 기타 여행사에서도 취급하고 있다. 역의 경우 승차권 매장과 지정석 매장이 따로 있는 경우가 있다. 승차권을 보이지 않으면 지정권을 살 수 없는 경우도 있다. 또, 침대차의 경우 보통 모르는 남.녀가 같이 타지 않게끔 남성과 여성으로 나누고 있다.

5. 자동차

운전

당신은 자동차를 운전할 수 있습니까?
Umite řídit?
우미떼 르지뒤뜨

예, 할 수 있습니다.
Ano, umím.
아노, 우밈.

유감스럽게도 할 수 없습니다.
Bohužel, neumím.
보후젤, 네우밈.

얼마나 운전을 했습니까?
Jak dlouho jezdíte?
약 들로우호 예스뒤떼

10년 됩니다.
Jezdím už deset let.
예스짐 우쉬 데세뜨 래뜨

작년에 운전면허를 땄습니다.
Loni jsem dostal řidičský průkaz.
로뉘 셈 도스딸 르지뒤츠스끼 쁘루까스.

당신은 운전이 능숙합니까?
Řidíte moc dobře?
르지뒤떼 모쯔 도브르제

여기는 어디입니까?
Kde teď jsem?
그데 떼뒤 셈

지도에 표시해 주시겠습니까?
Můžete mi to ukázat na mapě?
무줴떼 미 또 우까자뜨 나 마뻬

가까이에 모텔이 있습니까?
Je tu někde blízko motel?
예 뚜 녜그데 블리스고 모뗄

여기에 주차를 할 수 있습니까?
Smí se tady parkovat?
스미 쎄 따디 빠르꼬와뜨

여기는 주차 금지입니다.
Tady je parkování zakázáno.
따디 예 빠르꼬와뉘 자까자노

주차장은 어디입니까?
Kde je parkoviště?
그데 예 빠르꼬위쉬쩨

자동차

휘발유가 떨어졌습니다.
Došel mi benzín.
도쉘 미 벤진

벌써 휘발유가 조금밖에 없습니다.
Mám už málo benzínu.
맘 우쉬 말로 벤지누

제일 가까운 주유소는 어디에 있습니까?
Kde je nejbližší benzínová
그데 예 네이블리쉬 벤지노와
pumpa?
뿜빠

일반 휘발유를 채워 주시오.
Dejte mi plnou nádrž naturalu.
데이떼 미 쁠노우 나드르쉬 나뚜랄루

슈퍼 휘발유를 10리터 주십시오.
Dejte mi deset litrů superu.
데이떼 미 데세뜨 리뜨루 수뻬루

오일 점검을 해 주십시오.
Zkontrolujte stav oleje.
스꼰뜨롤루이떼 스따프 올레예.

배터리를 충전해 주십시오.
Nabijte baterii.
나비이떼 바떼리이.

라디에이터에 물을 넣어 주시오.
Dejte mi vodu do chladiče.
데이떼 미 워두 도 훌라뒤체.

세차해 주시오.
Umyjte mi auto.
우미이데 미 아우또.

차가 고장났습니다.
Mám poruchu.
맘 뽀루후.

내 차를 정비소까지 끌어 주시겠습니까?
Můžete mě vzít do vleku k opravně?
무줴떼 므녜 브지뜨 도 블레꾸 끄 오쁘라브녜

타이어가 펑크났습니다.
Píchnul(a) jsem.
삐흐눌(라) 셈

엔진이 걸리지 않습니다.
Nechytá mi motor.
네히따 미 모또르.

차를 점검해 주시겠습니까?
Můžete prohlédnout celé auto?
무줴떼 쁘로흘레드노우뜨 젤레 아우또

언제 다 됩니까?
Kdy to bude hotovo?
그디 또 부데 호또워.

자동차

위반, 사고

당신은 속도 위반을 하셨습니다.
Jel(a) jste nedovolenou rychlostí.
옐(라) 쓰떼 네도월레노우 리흘로뛰.

패스포트와 운전 면허증을 보여 주십시오.
Váš pas a řidičský průkaz prosím.
와스 빠스 아 르지뒤츠스끼 쁘루까스 쁘로심.

부상자가 있습니다. 구급차를 불러 주십시오.
Je tu raněný. Zavolejte, prosím, sanitku.
예 뚜 라녜니. 자월레이떼, 쁘로씸, 싸뉘뜨꾸.

경찰을 부릅시다.
Zavolejme policii.
자월레이메 뽈리찌이.

그가 사고를 냈습니다.
Měl nehodu.
므 네호두.

어디에서 자동차 보험을 취급하고 있습니까?
Kde se vyřizuje havarijní pojištění?
그데 쎄 위르지주예 하와리이뉘 뽀이슈쩬님

나는 손해를 봤습니다.보험금을 청구하고 싶습니다만.
Jsem poškozený(-ná). Chci žádat
셈 뽀쉬꼬제니. 흐찌 좌다뜨
náhradu.
나흐라두

렌터카

자동차를 빌리고 싶습니다.
Chtěl(a) bych pronajmout auto.
흐쩰(라) 비흐 쁘로나이모우뜨 아우또.

어떤 차종이 있습니까?
Jaké druhy aut máte?
야께 드루히 아우뜨 마떼

이 차를 일주일간 빌리고 싶습니다.
Půjčím si tohle auto na týden.
뿌이침 씨 또흘레 아우또 나 띠덴.

하루에 얼마입니까?
Kolik stojí pronájem na den?
꼴리끄 스또이 쁘로나옘 나 덴

어디서든지 차를 돌려 줄 수 있습니까?
Můžu nechat auto stát kdekoliv?
무쥬 네하뜨 아우또 스따뜨 그데꼴리프

사고의 경우 어디로 연락하면 좋습니까?
Kam mám zavolat, kdybych měl(a)
깜 맘 자월라뜨, 그 디비흐 므녤(라)

nehodu?
네호두.

프라하 입체주의 양식의 건물 앞에서 저자

자동차

6. 배

배

슈쩨호비쩨 행 배는 언제 떠납니까?
Kdy odjíždí parník do Štěchovic?
그디 오드이쥐뒤 빠르니끄 도 쉬뜨 호위쯔

빈 행 배는 어디서 출발합니까?
Odkud vyjíždí loď do Vídně?
오뜨꾸뜨 뷔이쥐뒤 로뛰 도 위드녜

몇 번 부두에서 떠납니까?
Z kterého mola vyjíždí?
스 끄떼레호 몰라 위이쥐뒤

덱체어를 빌리고 싶습니다만.
Chtěl(a) bych si vypůjčit lehátko.
흐쩰(라) 비흐 씨 위뿌이취뜨 레하뜨꼬.

당신은 배멀미를 합니까?
Trpíte mořskou nemocí?
뜨르삐떼 모르쉬스꼬우 네모찌

나는 배멀미 합니다.
Mám mořskou nemoc.
맘 모르쉬스꼬우 네모쯔.

7. 시외버스

시외 버스 터미널은 어디에 있습니까?
Kde je autobusové nádraží?
그데 예 아우또부소웨 나드라쥐

시외 버스 터미널은 플로렌스 역에 있습니다.
Autobusové nádraží je u stanice
아우또부소웨 나드라쥐 예 우스따늬쩨
Florenc.
플로렌쯔

차표는 어디서 살 수 있습니까?
Kde se koupí jízdenka?
그데 쎄 꼬우삐 이쥐뎅까

터미널의 차표 매표소나 버스 안에서 살 수 있습니다.
Koupí se u pokladny na
꼬우삐 쎄 우뽀끌라드니 나아
autobusovém nádraží nebo
우또부소웸 나드라쥐 네보
v autobuse.
브아우또부쎄.

내일 9시 40분의 브르노 행 1장 주십시오.
Jednu jízdenku s místenkou do
예드누 이쥐뎅꾸 스 미스뗀꼬우 도
Brnav 9 : 40 (devět čtyřicet) zítra.
브르나 우 대웨뜨 츠띠르지쩨뜨 지뜨라

브르노까지 부탁합니다.
Brno, prosím.
브르노, 쁘로씸.

이 화물 수수료를 지불합니까?
Budu platit za tohle zavazadlo?
부두 쁠라뛰뜨 자 또흘레 자와자들로.

스메타나 흉상
체코의 민족 음악가「나의 조국」고향시로 유명
카렐다리 입구의「 스메타나 음악 박물관」은 프라하 관광의 백미

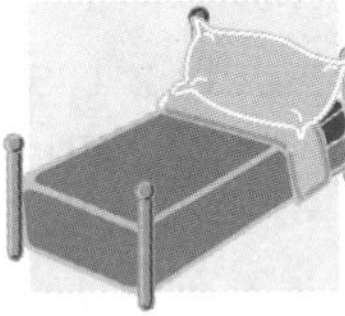

8. 호텔

호텔안내

좋은 호텔을 소개해 주십시오.
Můžete mi doporučit nějaký dobrý hotel?
무줴떼 미 도뽀루치뜨 녜야끼 도브리 호뗄

어떤 호텔을 원합니까?
Jaký hotel si přejete?
야끼 호뗄 시 쁘르제예떼

시내 중심에 있는 호텔이 좋습니다.
Chtěl(a) bych hotel někde v centru města.
흐쩰(라) 비흐 호뗄 녜그데 프뜨루 므녜스따

숙박비가 싼 호텔이 좋습니다.
Chtěl(a) bych levný hotel.
흐쩰(라) 비흐 레으니 호뗄

그 호텔에는 빈 방이 있습니까?
Jsou v tom hotelu volné pokoje?
이소우 프똠 호뗄루 월네 뽀꼬예

싱글은 하루에 얼마입니까?
Kolik stojí jednolůžkový pokoj na
꼴리끄 스또이 예드노루쉬꼬위 뽀꼬이 나
jeden den?
예덴 덴

싱글 방 1개를 예약해 주시겠습니까?
můžete mi rezervovat jeden
무줴떼 미 레제르워와뜨 예덴
jednolůžkový pokoj?
예드노루쉬꼬위 뽀꼬이

유감이지만, 모든 호텔이 다 찼습니다.
Lituju, všechny hotely jsou obsazeny.
리뚜유, 프셰흐니 호뗄리 소우 오프사제니

프라하에는 유스 호스텔이 있습니까?
Je v Praze noclehárna pro mládež?
예 프쁘라제 노쯜레하르나 쁘로 믈라데쉬

프론트

빈 방이 있습니까?
Máte volný pokoj?
마떼 월니 뽀꼬이

호텔

싱글 방 1개를 부탁하고 싶습니다.
Chtěl(a) bych jeden jednolůžkový pokoj.
흐쩰(라) 비흐 예덴 예드노루쉬꼬위 뽀꼬이

욕실이 붙은 방으로 하고 싶습니다.
Chtěl(a) bych pokoj s koupelnou.
흐쩰(라) 비흐 뽀꼬이 스 꼬우뻴노우

얼마나 오랫동안 숙박할 예정입니까?
Na jak dlouho se ubytujete?
나 약 들로우호 세 우비뚜예떼

2일입니다.
Na dva dny.
나 드와 드니

1주일간입니다.
Na týden.
나 띠덴

숙박료는 얼마입니까?
Kolik stojí pokoj?
꼴리끄 스또이 뽀꼬이

서비스료와 다른 것도 포함됩니까?
Je to včetně obsluhy a všech příplatků?
예 또 프체뜨녜 오프슬루히 아 프셰흐 쁘르지쁠라뜨꾸

호텔

아침 식사 포함입니까?
Je to se snídaní?
예 또 쎄 스뉘다뉘

더 싼 방은 없습니까?
Nemáte levnější pokoj?
네마떼 레브우녜이수 뽀꼬이

그 방은 욕실이 붙은 것입니까?
Je to s koupelnou?
예 또 스 꼬우뻴노우

아니오, 샤워기만 있습니다.
Ne, jenom se sprchou.
네, 예놈 세 스쁘르호우

방을 보여 주시겠습니까?
Můžu se na ten pokoj podívat?
무쥬 세 나 뗀 뽀꼬이 뽀뒤와뜨

지금 곧 방에 들어 갈 수 있습니까?
Můžu jít do pokoje teď hned?
무쥬 이뜨 도 뽀꼬예 떼뛰 흐네뜨

귀중품을 맡길 수 있습니까?
Můžete mi uschovat cenné věci?
무줴떼 미 우스호와뜨 쩨네 웨찌

패스포트를 주세요.
Váš pas, prosím.
와쉬 빠스, 쁘로씸.

호텔

언제 패스포트를 돌려 줍니까?
Kdy mi vrátíte pas?
그디 미 브라뛰떼 빠스

패스포트는 내일 아침에 돌려 드립니다.
Pas vám vrátíme zítra ráno.
빠스 왐 브라뛰메 지뜨라 라노

이 용지에 기입해 주십시오.
Vyplňte tenhle formulář.
위쁠뉘떼 뗀흘레 포르물라르쉬

사인을 해 주십시오.
Podepište se, prosím.
뽀데삐쉬떼 쎄, 쁘로씸.

여기 열쇠가 있습니다.
Tady je klíč.
따디 예 끌리츠

몇 층입니까?
V kterém je to poschodí?
프끄떼렘 예 또 뽀스호듸

엘리베이터는 있습니까?
Je tu výtah?
예 뚜 위따흐

레스토랑은 어디입니까?
Kde je restaurace?
그데 예 레스따우라쩨

엘리베이터는 좌측, 레스토랑은 우측의 안쪽입니다.
Výtah je tady vlevo a restaurace je
위따흐 예 따디 블레워 아 레스따우라쩨 예
tamhle vpravo vzadu.
땀흘레 프쁘라워 브자두.

아침 식사는 몇 시입니까?
Kdy se podává snídaně?
그디 쎄 뽀다와 스뉘다녜

몇 시에 방을 비워야 합니까?
V kolik hodin musím uvolnit pokoj?
프 꼴리끄 호딘 무씸 우월니뜨 뽀꼬이

서비스

포터를 불러 주시오.
Můžete mi zavolat nosiče?
무줴떼 미 자월라뜨 노씨체

수화물을 방으로 운반해 주십시오.
Zaneste zavazadla do pokoje,
자네스떼 자와자들라 도 뽀꼬예
prosím.
쁘로씸

룸메이드는 어떻게 부릅니까?
Jak se volá pokojská?
약 쎄 월라 뽀꼬이스까

호텔

이 벨을 눌러 주십시오.
Zazvoňte na tenhle zvonek.
자즈보뉘떼 나 뗀흘레 즈보네끄

슈트케이스는 여기에 두십시오.
Dejte kufr sem.
데이떼 꾸프르 셈

이 방은 너무 춥습니다.
V pokoji je moc zima.
프 뽀꼬이 예 모쯔 지마

이 방은 너무 덥습니다.
Tady je moc horko.
따디 예 모쯔 호르꼬

모포를 1장 더 갖다 주시겠습니까?
Můžete mi přinést ještě jednu přikrývku?
무줴떼 미 쁘지네스뜨 예쉬쩨 예드누 쁘르지끄리프꾸

전기가 들어오지 않습니다.
Nesvítí světlo.
네스위뛰 스웨뜰로

더운 물이 나오지 않습니다.
Neteče teplá voda.
네떼체 떼쁠라 워다

호텔

샤워기가 고장 났습니다.
Sprcha nefunguje.
스쁘르하 네풍구예

난방이 잘 되지 않습니다.
Ústřední topení špatně funguje.
우스뜨르제드뉘 또뻬뉘 슈빠뜨녜 풍구예

여기는 시끄럽습니다.
Je tady hluk.
예 따디 홀루끄

방을 바꾸어 주시지 않겠습니까?
Mohl(a) byste mi vyměnit pokoj?
모훌(라) 비스떼 미 위므녜니뜨 뽀꼬이

방 열쇠를 방에 두고 왔습니다.
Zapomněl(a) jsem klíč v pokoji.
자뽀므녤 (라) 셈 끌리츠 프뽀꼬이

방에서 시내 전화를 할 수 있습니까?
Můžu z pokoje telefonovat do města?
무쥬 스 뽀꼬예 뗄레포노와뜨 도 므녜스따

예, 제로(0)를 돌린 다음, 계속해서 번호를 돌려주시오.
Ano. Nejdříve vytočte nulu,
아노. 네이드르지웨 위또츠떼 눌루,
pak teprve číslo.
빠끄 떼쁘르웨 취슬로

내일 아침 6시에 깨워 주시오.
Vzbuďte mě zítra ráno v šest hodin, prosím.
브즈부뒤떼 므녜 지뜨라 라노 프셰스뜨 호딘, 쁘로씸.

들어오십시오.
Dále, prosím.
달레, 쁘로씸.

택시를 예약하시겠습니까?
Máme vám objednat taxi?
마메 왐 오브예드나뜨 따끄씨

체크 아웃

내일 출발합니다.
Zítra odjíždím.
지뜨라 오드이짐

계산서를 준비해주십시오.
Připravte mi účet, prosím.
쁘르지쁘라프떼 미 우쩨뜨, 쁘로씸.

제 짐을 운반할 사람을 보내주십시오.
Pošlete pro má zavazadla, prosím.
뽀쉴레떼 쁘로 마 자와자들라, 쁘로씸.

지불하고 싶습니다.
Chtěl(a) bych vyrovnat účet.
흐뗼(라) 비흐 위로브나뜨 우쩨뜨

여기 청구서입니다.
Tady máte účet.
따디 마떼 우쩨뜨

Tip

호텔은 A디럭스, A,B,C 카테고리(kategorie)로 나누어 진다. A디럭스가 제일 고급이고, C 가 되면 샤워와 화장실이 공동이 되는 경우가 있다. 대학의 학생 기숙사도 여름에는 C 카테고리 호텔이 된다. 호텔은 예약 없이도 방이 비어 있으면 직접 신청하지만, 시즌 중에는 어려울 수도 있다. 또, 국영 여행사의 「체도크」 Čedok로 호텔을 찾을 수도 있고, 「프라고투르」 Pragotur는 비교적 싼 방을 알선하고 있다. 팁은 다른 유럽과 같게 생각해도 좋으며, 보이 등에게 지불한다. 화장실(특히 여성용)은 유료가 많으므로 잔돈 준비가 필요하다. 층을 세는 방법은 우리의 1층이 přízemí(지층), 2층이 první patro (1층)로 된다

호텔 빌라 보이타 전경

9. 시내교통, 관광

길안내

미안하지만, 바쯜라프 광장은 어디입니까?
Promiňte, kde je Václavské náměstí?
쁘로민떼, 그데 예 와쯜라프스께 나므녜스뛰

그 길은 무슨 길입니까?
Jaká je to ulice?
야까 예 또 울리쩨

그 건물은 무엇입니까?
Co je to za budovu?
쪼 예 또 자 부도우

길을 헤매고 있는데, 호텔「파리」는 어떻게 갑니까?
Zabloudil(a) jsem. Jak se dostanu do hotelu Paříž ?
자블로우될(라) 셈 약 쎄 도스따누 도 호텔루 빠르지쉬

성 비트 교회를 보고 싶습니다만.
Chtěl(a) bych se podívat na
흐쩰(라) 비흐 쎄 뽀뒤와뜨 나
katedrálu sv. (svatého) Víta.
까때드랄루 스와떼호 뷔따

성(城)까지는 어떻게 갑니까?
Jak se dostanu k Hradu?
약 쎄 도스따누 끄 흐라두

국립극장으로 가는 길이 맞습니까?
Je to správná cesta k Národnímu
예 또 스쁘라브나 쩨스따 끄 나로드뉘무
divadlu?
뒤와들루

공교롭게도 모르겠습니다.
Bohužel, to nevím.
보후젤, 또 네윔.

여기는 잘 모르겠습니다.
Nevyznám se tu.
네위즈남 쎄 뚜

계속 똑바로 가세요.
Jděte rovně.
이뎨떼 로브녜

오른쪽으로 가세요.
Jděte doprava.
이뎨떼 도쁘라와

길의 좌측입니다.
Je to na levé straně ulice.
예 또 나 레웨 스뜨라네 울리쩨

이쪽 방향입니다.
Je to tímto směrem.
예 또 뜀또 스므녜렘

반대 방향입니다.
Je to opačným směrem.
예 또 오빠츠님 스므녜렘

되돌아 가세요.
Musíte zpátky.
무씨떼 스빠뜨끼

저쪽으로 건너가세요.
Přejděte na druhou stranu.
쁘르제이데떼 나 드루호우 스뜨라누

광장을 통해서 가 주세요.
Přejděte náměstí.
쁘르제이데떼 나므녜스뛰

거기는 가깝습니까?
Je to blízko?
예 또 블리스꼬

거기는 멉니까?
Je to daleko?
예 또 달레꼬

아니오, 아주 가깝습니다.
Ne, je to odtud kousek.
네, 예 또 오뜨뚜뜨 꼬우쎄끄

이 근처에 가까운 우체국은 어디입니까?
Je tu někde blízko pošta?
예 뚜 녜그데 블리스꼬 뽀쉬따

여기부터 우체국까지는 어느 정도 걸립니까?
Jak daleko je odtud hlavní pošta?
약 달레꼬 예 오뜨뚜뜨 흘라브늬 뽀쉬따

걸어서 10분 정도입니다.
Asi deset minut pěšky.
아씨 데쎄뜨 미누뜨 뻬쉬끼

프라하 구시가지 광장
구시청의 시계탑 (고딕 양식) 얀 후스(체코출신 신학자) 동상
신부로 종교개혁운동을 하다가 순교당함 (1415년)

Tip

길에는 전부 이름이 있는데, 시대에 따라 이름이 변하는 것도 자주있다. 이를테면 체코의 유명한 작가 카렐 차펙과 화가 요셉 차펙 형제의 집이 있었던 길은 「우스카(좁은) 길 Úzká ul.」이라고 불리다가 차펙 형제가 살았다는 기념으로 1947년 「차펙 형제의 길」로 되었다. 프라하에는 아름다운 길이 많이 있다. 특히 인터콘티넨탈 호텔 앞의「파리 거리 Pařížská ul.」, 황제의 길(Royal Way)의 종점이 되는 「쩰레트나 거리 Celetná ul.」 에는 프라하의 카렐대학의 한국학(20번지)과 및 아름다운 건축물을 즐길 수 있다. 「황제의 길」이란 옛날 체코 황제가 시정을 살피기 위해 황제의 행렬이 통과했던 길로 프라하 성(흐라차니 성)에서「네루다 거리」 Nerudová ul. 을 통해, 말라스트라나 광장을 지나고, 카렐다리 Karlův most를 건너 카를로바 거리를 통과하여 구시가 광장 Staroměstské nám. 를 지나고, 쩰레트나 거리를 통하여 화약탑문 Prašná brána까지이다. 이 네루다 거리도 체코의 체홉이라고 불린 시인겸 작가, 얀 네루다가 살고 있던 곳이어서 붙은 것으로, 옛날 가문의 문장이 붙은 집이 늘어서 있는 것으로 유명하다. 현재는 대사관 건물, 술집, 식당가로 유명하다.「황제의 길」양쪽의 번지는 도로의 한쪽이 홀수 번호, 또 한쪽이 짝수로 되어 있다. 중세 때는 번지보다 건물의 문장이나 상징이 많이 이용되었다.

전차 표는 어디서 살 수 있습니까?
Kde se koupí jízdenky na tramvaj?
그데 쎄 꼬우삐 이즈뎅끼 나 뜨람와이

키오스크「PNS, 매점」에서 살 수 있습니다.
Ve stánku PNS.
웨 쓰딴꾸 뻬엔에스

차표 파는 곳은 저기입니다.
Prodej jízdenek je tam.
쁘로데이 이즈데네끄 예 땀

차표 10장을 주시오.
Deset jízdenek, prosím.
데쎄뜨 이즈데네끄, 쁘로씸

「국립박물관」에 가려면 어느 지하철을 타야 합니까?
Kterou trasou metra mám jet k Muzeu?
끄떼로우 뜨라쏘우 메뜨라 맘 예뜨 끄 무제우

이 전차는 성으로 갑니까?
Tahle tramvaj jede k Hradu?
따흘레 뜨람와이 예데 끄 흐라두

제일 가까운 지하철 역은 어디입니까?
Kde je nejbližší stanice metra?
그데 예 네이블리쉬 스따뉘쩨 메뜨라

어느 전차가 국립 극장으로 가는 것입니까?
Která tramvaj jede k Národnímu divadlu?
끄떼라 뜨람와이 예데 끄 나로드뉘무 뒤와들루

어디서 내리면 됩니까?
Kde mám vystoupit?
그데 맘 위스또우삐뜨

어디서 바꾸어 타면 됩니까?
Kde mám přestoupit?
그데 맘 쁘르제스또우삐뜨

몇 번째의 정류장입니까?
Kolikátá to je zastávka?
꼴리까따 또 예 자스따프까

2번째입니다.
Druhá.
드루하

종점까지 가세요.
Jed'te až na konečnou stanici.
예뛰 떼 아쉬 나 꼬네츠노우 스따뉘찌

Tip

편리한 시내 교통권 (차표 jízdenka 이즈덴까)
프라하나 브르노 등, 주요 도시의 교통 기관은 지상 전차(트램)나 버스이다. 프라하에는 지하철도 있다. 프라하에서 차표는 노면 전차, 버스, 지하철 공통이지만, 다른 도시에서 사용할 수 없으므로 주의가 필요하다. 차표는 매점(賣店)「PNS (poštovní novinová služba)」등, 「정기권(차표) 예매 předprodej jízdenek」라고 쓰여진 스티커가 있는 가게나, 역이나 정류장의 자동판매기(automat)에서 살 수 있다. 지하철은 들어갈 때 차표를 기계에 넣어서 시간을 프린트 하고, 전차나 버스의 경우는 들어가서 자기가 차표를 펀치한다. 때때로 검찰이 오면 차표를 보여 주는데 차표가 없어졌거나 펀치를 하지 않은 경우에는 수십 배의 벌금을 내게 된다. 한번 타거나 짧은 시간(15분이내) 탈 때에는 가장 싼 표를 사고, 몇번이고 갈아탈 때는 정기표가 유리하다. 하루, 3일, 일주일, 10일, 2주, 한달 등 정기권이 편하고 싸다. 첫번째 탈 때 한번만 펀치하면 펀치한 순간의 날짜, 시간이 표시된다. 펀치한 표를 지갑에 넣고 다니다가 검시원이 요구할 때 보여주면 된다.

택시

택시로 갑시다.
Pojedeme taxíkem.
뽀예데메 따끄씨껨

택시를 잡읍시다.
Vezmeme si taxi.
웨즈메메 씨 따끄씨

어디서 택시를 잡을 수 있습니까?
Kde najdu taxi?
그데 나이두 따끄씨

이 근처에 택시 정류장이 있습니까?
Je tu někde stanoviště taxi?
예 뚜 녜그데 스따노위쉬녜 따끄씨

빈 차입니까?
Jste volný?
이스떼 볼니

아니오, 손님이 있습니다.
Ne, jsem obsazený.
네, 셈 오쁘사제니

비어 있습니다. 자, 타시죠.
Ano, prosím.
아노, 쁘로씸

어디까지?
Kam to bude?
깜 또 부데

인터콘티넨탈 호텔까지 부탁합니다.
Hotel Intercontinental, prosím.
호뗄 인떼르꼰띠넨딸, 쁘로씸

공항까지 부탁합니다.
Na letiště, prosím.
나 레띠쉬네, 쁘로씸

이 주소로 가 주십시오.
Jeďte na tuhle adresu, prosím.
예뛰떼 나 뚜흘레 아드레수, 쁘로씸

여기서 세워 주십시오.
Zastavte tady, prosím.
자스따프떼 따디, 쁘로씸

얼마입니까?
Kolik platím?
꼴리끄 쁠라뜀

거스름 돈은 놔두십시오.
Nechte si drobné.
네흐떼 씨 드로브네

Tip

택시는 택시 승강장에서 타게 되어 있다. 길을 지나고 있는 택시를 멈추는 것도 가능하다. 또, 전화 예약도 할 수 있다. 택시 요금 산정표는 대개 앞문 바깥에 형식적으로 조그맣게 쓰여 있다. 대개 타기 전에 어디까지 얼마인지 확인하는 것이 안전하다. 관광객에게 터무니 없는 바가지 요금을 부가할 때도 있다. 일단 바가지 요금이란 기분을 느끼면 영수증을 반드시 요구하고 경찰을 부르는게 상책이다. 프라하 새 시장 벰(Bém)씨가 바가지 요금을 씌우는 운전사를 철저히 처벌한다고 공약했고 시행하고 있다.

관광

프라하의 안내 책자가 있습니까?
Máte průvodce po Praze?
마떼 쁘루워드쩨 뽀 쁘라제

이 도시에서 무엇을 보면 좋겠습니까?
Co stojí za vidění tady ve městě?
쪼 스또이 자 위젠 늬 따디 웨 므녜스쩨

당신은 무엇을 보고 싶습니까?
Co chcete vidět?
쪼 흐쩨떼 위뎨뜨

이 거리에는 어떤 역사적인 기념물이 있습니까?
Jaké jsou tu historické památky?
야께 소우 뚜 히스또리쯔께 빠마뜨끼

박물관은 있습니까?
Je tu muzeum?
예 뚜 무제움

안에 들어 갈 수 있습니까?
Můžeme dovnitř?
무줴메 도브니뜨르쉬

입장료가 필요합니까?
Platí se nějaké vstupné?
쁠라뛰 쎄 녜야께 프스뚜쁘네

입장료가 얼마입니까?
Kolik stojí vstupné?
꼴리끄 스또이 프스뚜쁘네

여기는 차펙 형제가 살았던 곳입니다.
Tady žili bratři Čapkové.
따디 쥘리 브라뜨르지 차쁘꼬웨

Tip

체코에는 중세의 아름다운 도시가 많이 있다. 어느 것이 가장 아름다운 도시인가 하는 것에 대해서는 자주 문제가 되지만, 남 보헤미아의 도시「체스키 크루믈로프 「Česky Krumlov」나 남 모라비아의 도시「텔츠 Telč」가 자주 후보에 오른다. 또 온천 도시로서 알려진 「카를로비 바리 Karlovy Vary」도 아름다운 도시이다. 그래도 압권은 수도 「프라하 Praha」이다. 건축의 박물관이라고 일컬어질 정도로 로마네스크, 고딕, 르네상스, 바로코, 로코코 등의 건축 양식이 갖추어져 있고,「세쩨세 secese 분리파 또는 아르누보 」라고 불리는 세기말의 건축에 있어서도 뛰어난 곳이다. 유명한 성당 중에 유럽에서도 내부 장식이 가장 아름다운 것으로 유명한「성 비트 성당」이나, 유럽 중세 석조다리로 관광객에 의해서 가장 사랑받은 다리로「카렐다리」는 블타바강을 가로지르고 있다. 오늘날 유럽 최고라고 일컬어지는 유태교 회당「신구 시나고그 Staronová synagóga」등은 고딕 건축의 꽃이다. 프라하는 아름답기 때문에 예부터 괴테에 의해 「황금의 프라하 Zlatá Praha」라고 했으며, 탑이 많아「백탑의 프라하 Stověžatá Praha」라고도 일컬어지고 있다. 유럽을 여행한 배낭족들이 한결같이 유럽에서 가장 매혹적인 도시라고 찬양한다. 프라하와 체코어 문화에 대한 자세한 읽을거리는 WWW.KBSworld.net/동유럽/체코/김규진 칼럼 참조

NÁPISY 표시의 여러가지

čekárna	체까르나	대합실
čerstvě natřeno	체르스뜨웨나뜨르제노	페인트 주의
dámy	다미	여성용(화장실)
chůze vlěvo	후제 블레워	좌측 통행(보행자)
chůze vpravo	후제 프뻐라	우측 통행(보행자)
informace	인포르마쩨	안내소
inventura	인웬뚜라	재고 조사
jednosměrný provoz	예드노스므녜르니 쁘로워스	일방 통행
jed'te krokem	예뛰떼 끄로껨	서행
jízda vlevo	이즈다 블레보	좌측통행(차량)
jízda vpravo	이즈다 프쁘라보	우측통행(차량)
klepat ; klepejte	끌레빠뜨; 끌레뻬이떼	노크하시오.
kouření zakázáno	꼬우르제뉘 자까자노	금연
koš na odpadky	꼬쉬 나오뜨빠뜨끼	쓰레기통
kuřáci	꾸르자찌	흡연석
místo pro invalidy	미스또 쁘로인왈디	신체장애자용 좌석
muži	무지	남성용(화장실)
nedotýkejte se	네도띠께이떼 쎄	손대지 마시오
neklepat,klepejte	네끌레빠뜨네끌레뻬이떼;	노크하지마시오
nekuřáci	네꾸르자찌	금연석

nenahýbejte se z okna	네나히베이떼 쎄 즈오끄나	창 밖으로 손(혹은 신체의 일부) 내밀지 마시오
nouzový východ	노우조위 위호뜨	비상구
obsazeno	오쁘사제노	사용중
očistěte si obuv	오치스 오부프	구두흙을털어주시오
otevřeno	오떼브르제노	개점, 영업중
otevřeno od…do	오떼브르제노 오뜨...도..	…시부터 …시까지 개점
páni	빠뉘	남성용(화장실)
parkování zakázáno	빠르꼬와뉘 자까자노	주차금지
pěší zóna	조나	보행자 지역
pitná voda	삐뜨나 워다	음료수
pozor!	뽀조르	주의
pozor! zlý pes!	뽀조르! 즐리 뻬스!	맹견주의
požární hydrant	뽀자르뉘 히드란뜨	소화전
průjezd zakázán	쁘루예즈스뜨 자까잔	통과 금지
první pomoc	쁘르브뉘 뽀모쯔	응급처치
předprodej jízdenek	쁘르제뜨쁘로데이 이즈데네끄	정기권(차표) 예매소
slepá ulice	슬레빠 울리쩨	더 이상 갈 수 없음, 막다른 길
sem ; táhnout	셈 따흐노우뜨	잡아당기다,당기세요

시내교통, 관광

stát; stůj!	스따뜨; 스뚜이	멈춤!
studená (voda)	스뚜데나 워다	찬물
šatna	샤뜨나	휴대품 보관소
tam ; tlačit	땀; 뜰리칫	미시오, 누르다
teplá (voda)	떼쁠라 워다	더운 물
udržujte klid	우드르쥬이떼	조용히 하십시오
vchod	프호뜨	입구
volno	월노	빈 (자리)
vstup volný	프스뚜프 월니	입장무료
vstup zakázán	프스뚜쁘 자까잔	출입금지
východ	위호뜨	출구
vysoké napětí	위소께 나	고압 전류
zadáno	자다노	예약 완료
záchod	자호뜨	화장실
záchranná brzda	자흐라나 브르즈다	비상 브레이크
zákaz kouření	자까스 꼬우르제뉘	금연
zákaz parkování	자까스 빠르꼬와뉘	주차 금지
zavírat dveře	자위라뜨 드웨르제	문을 닫아 주시오
zavírejte dveře	자위레이떼 드웨르제	문을 닫아 주시오
zavřeno	자브르제노	폐점
zavřeno z technických důvodů	브르제노 스떼흐니쯔끼흐 두워두	수리 중이어서 폐점
zde se mluví anglicky	즈데 쎄 믈루위 앙글리쯔끼	여기서는 영어가 통함

시내교통, 관광

zvoňte	즈워뉘떼	벨을 울려 주시오
ženy	줴니	여성용(화장실)
WC [vécé]	웨쩨	화장실

프라하 흐라차니 성의
성 비트 성당 내부 (고딕 성당의 전형)

사진

당신 카메라는 어떤 카메라입니까?
Jaký máte fotoaparát?
아끼 마떼 포또아빠라뜨

여기에서 사진을 찍어도 좋습니까?
Smí se tady fotografovat?
스미 쎄 따디 포또그라포와뜨

플래시를 터뜨려도 좋습니까?
Smí se tady užívat blesk?
스미 쎄 따디 우쥐와뜨 블레스끄

미안하지만, 셔터를 눌러 주시겠습니까?
Prosím vás, mohl(a) byste nás vyfotografovat?
쁘로씸 와스, 모홀(라) 비쉬떼 나스 위포또그라포와뜨

여기를 눌러 주십시오.
Tady to zmáčkněte.
따디 또 즈마츠끄네떼

제 사진을 찍고 싶습니다.
Chtěl(a) bych se dát vyfotografovat.
호쩰(라) 비흐 쎄 다뜨 위포또그라포와뜨

상반신 정면 사진을 찍어 주시오.
Prosím, vyfotografujte mě do pasu zepředu.
쁘로씸, 위포도그라푸이떼 므녜 도 빠수 제쁘르제두

어떤 크기입니까?
Jaký formát si přejete?
야끼 포르마뜨 씨 쁘르제이떼

5X7를 부탁합니다.
Pět krát sedm, prosím.
뻬뜨 끄라뜨 세둠 쁘로씸.

비자용 사진이 필요합니다.
Chtěl(a) bych fotografie na vízum.
호쩰(라) 비흐 포또그라피에 나 위줌

빠른 것으로 부탁합니다.
Expres, prosím.
에끄스쁘레스, 쁘로씸

이 필름을 현상해 주세요.
Chtěl(a) bych vyvolat tenhle film.
호쩰(라) 비흐 위월라뜨 뗀흘레 필름

카메라가 고장났습니다.
Fotoaparát nefunguje.
포또아빠라뜨 네풍구예

어디가 이상한 것인지 검사해 주시오.
Můžete mi ho prohlédnout?
무줴떼 미 호 쁘로흘레드노우뜨

필름이 감기지 않습니다.
Nepřetáčí se film.
네쁘르제따취 쎄 필름

비디오 테잎이 있습니까?
Máte videokazetu?
마떼 위데오까제뚜

여기서 복사를 할 수 있습니까?
Děláte tady kopie?
까라 떼 따디 꼬삐에

이 자료의 복사를 부탁합니다.
Můžete mi okopeírovat tyto doklady?
무줴떼 미 오꼬삐로와뜨 띠또 도끌라디

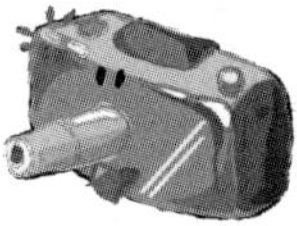

시내교통, 관광

10. 물건사기

물건사기

오늘은 물건을 사야 됩니다.
Dnes musím jít nakupovat.
드네스 무씸 이뜨 나꾸뽀와뜨

저와 함께 물건을 사러 가시지 않으시겠습니까?
Mohl(a) byste jít se mnou
모흘(라) 비스떼 이뜨 쎄 므노우
nakupovat?
나꾸뽀와뜨

잡지는 어디서 살 수 있습니까?
Kde se koupí časopisy?
그데 쎄 꼬우삐 챠쏘삐씨

잡지나 신문은 매점(PNS)이나 담배 가게, 지하철 통로에서 살 수 있습니다.
Časopisy a noviny se koupí ve
챠쏘삐씨 아 노위니 쎄 꼬우삐
stánku PNS, v trafice nebo
웨스딴꾸 뻬엔에스, 프뜨라피쩨 네보

v podchodech metra.
프쁘뜨호데흐 메뜨라

가게는 몇 시에 엽니까?
Od kolika hodin jsou otevřeny
오뜨 꼴리까 호딘 소우 오떼브르제니
obchody?
오쁘호디

백화점은 어디입니까?
Kde je obchodní dům?
그데 예 오쁘호드늬 둠

백화점은 일요일에도 엽니까?
Jsou obchodní domy otevřeny
소우 오쁘호드늬 도미 오떼브르제니
i v neděli?
이 프네르 리

가까운 곳에 편의점이 있습니까?
Je tu někde blízko samoobsluha?
예 뚜 녜그데 블리스꼬 싸모오쁘술루하

매장

무엇을 원하십니까?
Co si přejete?
쪼 씨 쁘르제예떼

다음 분.
Další!
달쉬

목걸이는 있습니까?
Máte náhrdelníky?
마떼 나흐르델뉘끼

예, 있습니다. 자, 보십시오.
Ano, máme. Podívejte se, prosím.
아노, 마메. 뽀뒤웨이떼 쎄, 쁘로씸.

프라하에 관한 책을 갖고 싶습니다.
Chtěl(a) bych nějakou knihu o Praze.
흐쩰(라) 비흐 녜야꼬우 끄니후 오 쁘라제

칫솔을 주십시오.
Zubní kartáček, prosím.
주브뉘 까르따체끄, 쁘로씸

이것을 주십시오.
Tohle, prosím.
또홀레, 쁘로씸

몇 개나 필요합니까?
Kolik toho chcete?
꼴리끄 또호 흐쩨떼

이것을 보여 줄 수 있습니까?
Můžete mi to ukázat?
무줴떼 미 또 우까자뜨

그것을 보고 싶습니다.
Chtěl(a) bych se na to podívat.
흐쩰(라) 비흐 쎄 나또 뽀 뒤와뜨

자, 고르십시오.
Prosím, vyberte si.
뽀로씸, 위베르떼 씨.

이것은 마음에 듭니다.
To se mi líbí.
또 쎄 미 리비

이것은 마음에 들지 않습니다.
To se mi nelíbí.
또 쎄 미 네리비.

이것은 너무 큽니다.
To je velké.
또 예 웰게

이것은 너무 작습니다.
To je malé.
또 예 말레

바꾸어 주시겠습니까?
Můžete mi to vyměnit?
무줴떼 미 또 위므녜뉘뜨

또 어떤 것을?
Co dále?
쪼 달레

고맙습니다, 이것으로 전부입니다.
Děkuju, to je všechno.
데꾸유, 또 예 프셰흐노

물건사기

얼마입니까?
Kolik to stojí?
꼴리끄 또 스또이

이것은 1개에 얼마입니까?
Kolik stojí jeden kus?
꼴리끄 스또이 예덴 꾸스

전부 얼마입니까?
Kolik to stojí dohromady?
꼴리끄 또 스또이 도흐로마디

값을 써주십시오.
Prosím, napište mi tu cenu.
쁘로씸, 나삐쉬떼 미 뚜 쩨누

이것은 쌉니다.
To je lacino.
또 예 라찌네

이것은 비쌉니다.
To je drahé.
또 예 드라헤

더 싼 것은 없습니까?
Máte něco levnějšiho?
마떼 네쪼 레브네이쉬호

이것을 사겠습니다.
Vezmu si to.
웨즈무 씨 또

어디서 지불합니까?
Kde se platí?
그데 쎄 쁠라뛰

어기에서 지불합니까, 계산대에서 지불합니까?
Platí se u vás nebo u pokladny?
쁠라뛰 쎄 우 와스 네보 우 뽀끌라드니

계산대는 어디입니까?
Kde je pokladna?
그데 예 뽀끌라드나

달러로 지불할 수 있습니까?
Můžu platit v dolarech?
무쥬 쁠라띠뜨 브 돌라레흐

아니오, 지불할 수 없습니다.
Ne, nemůžete.
네, 네무줴떼

잔돈은 있습니까?
Máte drobné?
마떼 드로브네

카드로 지불하고 싶습니다.
Chtěl(a) bych zaplatit kreditní kartou.
흐쩰(라) 비흐 자쁠라띠뜨 끄레디뜨뉘 까르또우

계산이 틀린 것은 아닙니까?
Nedošlo při sčítání k omylu Neni
네도쉴로 쁘르지 스취따뉘 끄 오밀루 네미

물건사기

tadly chba?

따니 히바

선물, 꽃가게

영수증을 주시오.

Dejte mi úček, prosím.

데이떼 미 우쳇, 쁘로씸

체코 기념품을 사고 싶은데요.

Chtěl(a) bych nějaké typické

흐쩰(라) 비흐 녜야께 띠삐쯔께

české upomínkové předměty.

체스께 우뽀민꼬웨 쁘르제드므녜띠

그라나트(석류석)의 브로치는 어떨까요?

Nechcete třeba granátovou brož?

네흐쩨떼 뜨르제바 그라나또워우 브로쉬

어린이 선물을 사고 싶은데요.

Chtěl(a) bych něco pro děti.

흐쩰(라) 비흐 녜쪼 쁘로 뎨뛰

어떤 민속품이 있습니까?

Jaké jsou u vás výrobky lidového

야께 소우 우와스 위로쁘끼 리도웨호

umění?

우므녜뉘

꽃병을 보여 주시겠습니까?

Můžu se podívat na nějaké vázy?

무쥬 쎄 뽀뒤와뜨 나 녜야께 와지

물건사기

빨간 장미를 3송이 주세요.
Prosím, tři červené růže.
쁘로씸, 뜨르지 체르웨네 루줴

흰 카네이션 5송이 주세요.
Prosím, pět bílých karafiátů.
쁘로씸, 뻬뜨 빌리흐 까라피아뚜

그것에 아스파라거스를 더해 주세요.
Přidejte k tomu asparágus.
쁘르지데이떼 끄또무 아스빠라구스

프라하 카렐다리의 진풍경
소프라노 가수가 한푼 벌기 위해 다리 위에서 노래하며 춤추는 모습

물건사기

Tip

체코의 통화 단위는 「코루나 koruna」와 「할레르슈 haléř」로 1코루나가 100할레르슈에 해당하지만, 실제로는 코루나 단위로 상용되고 있다. 물건을 살 때 편의점 형식의 가게도 많이 있으므로, 말이 통하지 않아도 걱정할 것이 없다. 그러나 보통 가게에서는 점원에게 물건을 말해서 사지 않으면 안된다. 또, 가게에서는 물건을 부탁하는 곳이나 받는 곳, 돈을 지불하는 곳이 틀릴 수 있다. 그 경우에는 금액을 쓴 종이를 「계산대 pokladna」에게 갖고 가서 돈을 지불한 다음, 받은 영수증을 보이고 물건을 받는다. 상점은 거의 토요일은 오전만 영업을 하며, 일요일이나 축제일은 쉰다. 그러나 프라하 시내 중심 등 관광지에서는 일요일에도 여는 곳이 여기저기 있다.

♣ 가게 이름은 주로 간판에 나와 있는 것이다. 「체코의 유리 české sklo」는 무거운 것을 제외하면, 무엇이든 선물로서 가치가 있다. 투명하고 광택이 나는 「크리스탈 křišt'ál」은 접시나 꽃병, 과자박스 등 여러 가지가 있다. 예산에 여유가 있는 분은 애칭이나 커팅, 인각한 수정 제품을 고르면 후회하지 않을 것이다. 브랜드 상품으로는 「모젤 Moser」라는 크리스탈이 가장 고급품이다. 유리나 수정제품 중 좋은 물건을 보고 싶은 분은 시내 중심 카렐대학교 철학부 건물 옆, 드보르작 음악당 건너편, 유태인 묘지 뒤에 있는「공예 박물관 Uměleckoprůmyslové muzeum」을 권하고 싶다. 글라스 컬렉션은 세계적으로 유명하다.

11. 식사

식사,일반

배가 고픕니다.
Mám hlad.
맘 흘라뜨

목이 마릅니다.
Mám žízeň.
맘 쥐젠뉘

식욕이 없습니다.
Nemám chut' k jídlu.
네맘 후뜌 끄이들루

무엇인가 맛있는 것을 먹고 싶습니다.
Dal(a) bych si něco dobrého.
달(라) 비흐 씨 녜쪼 도브레호

예, 매우 좋습니다.
Ano, velmi rád(a).
아노, 웰미 라뜨(라다)

아침 식사는 끝났습니까?
Už jste snídal(a)?
우쉬 스떼 스뉘달(라)

예, 조금 아까 먹었습니다.
Ano. Před chvílí jsem snídal(a).
아노. 쁘르제뜨 흐뷜리셈 셈 스뉘달(라)

점심은 몇 시입니까?
V kolik hodin je oběd?
프 꼴리끄 호딘 예 오볘뜨

저녁은 대개 무엇을 먹게 됩니까?
Co jíte obvykle k večeři?
쪼 이떼 오브위끌레 끄웨체르지

가벼운 것을 먹고 싶습니다.
Chtěl(a) bych něco lehkého.
흐쩰(라) 비흐 녜쪼 레흐께호

음식은 가리지 않습니다.
Nejsem vybíravý(-vá) v jídle.
네이셈 위비라위(-와) 브이들레

무엇이든 먹을 수 있습니다.
Jím všechno.
임 프셰흐노

저녁 식사 준비가 되었습니다.
Večeře je připravena.
웨체르제 예 쁘르지쁘라웨나

식사

식탁으로 와 주십시오.
Pojd'te, prosím, ke stolu.
뽀이뛔 떼, 쁘로씸 께 스똘루

드십시오.
Vezměte si.
웨즈므녜떼 씨

맛있게 드십시오! (먹는 사람에게)
Dobrou chut'!
도브로우 후뛰

당신도.
Nápodobně!
나뽀도브녜

자, 염려 마시고 드십시오.
Posložte si, prosím.
뽀슬루쉬떼 씨 , 쁘로씸.

입맛에 맞으십니까?
Chutná vám to?
후뜨나 왐 또

대단히 맛있습니다.
Je to moc dobré.
예 또 모즈 도브레

샐러드를 좀 더 드시겠습니까?
Mám vám přidat ještě salát?
맘 왐 쁘르지다뜨 예쉬쩨 살라뜨

식사

예, 그러면 조금만 주십시오.
Ano, ale jen trochu.
아노, 알레 옌 뜨로후

이제 괜찮습니다.
Už ne, děkuju.
우쉬 네, 뎨꾸유

배가 부릅니다.
Jsem najedený(-ná).
이셈 나예데니(-나)

식사

이제는 먹을 수 없습니다.
Už nemůžu.
우쉬 네무쥬

Tip

내륙국인 체코는 바다가 없다. 따라서 해산물이 자주 식탁에 오르지 않는다. 그러나 중세부터 수천개의 양어장 덕분에 잉어요리와 송어요리는 일품이다. 특히 잉어는 유럽으로의 수출로도 유명하다. 북국이므로, 야채와 과일 종류도 많지 않고 식생활은 고기가 중심이다. 우리나라의 김치와 비슷한 사워크라우트(독일식 양배추 절임)를 주로 먹는다. 1989년도 자유화 이후 과일 및 채소 특히 마늘 소비량이 해마다 급속히 늘어나고 있다. 삶의 질이 나아지면서 다이어트 경향과 서유럽처럼 성인병 예방에 신경을 많이 쓰기 때문이다.

체코에서「햄 šunka」이라고 불리는 것은 돼지고기의 훈제만을 표시하며, 2종류 이상의 고기가 섞인 것은 살람 salám이라고 한다. 배낭족 등 값싼 여행을 즐기는 관광객들에게는 치즈와 더불어 인기 있는 품목이다.

아침 식사는 커피나 우유와 빵, 햄이나 살람 등이다. 체코는 아침 일찍부터 일이 시작되기 때문에, 10시경에 「간식 přesnídávka」으로 과일이나 빵 등을 먹는다. 낮에는 보통 따뜻한 음식과 수프를 먹는다.3시경에는 「오후의 간식 svačina」를 먹고, 저녁은 낮과 같이 대게 질 좋은 맥주와 더불어 요리한 「따뜻한 음식 teplá večeře」을 먹는 경우와 치즈나 햄류, 계란 등 「찬 저녁 식사 studená večeře」로 끝나는 경우가 있다.

전형적인 체코 요리는 돼지고기요리와 크네들리키 그리고 사워크라우트를 합쳐vepřoknedlozelo(웨프르조끄네들로젤로)라고 말 할 수 있다. 크네들리키(경단)는 보리 또는 밀 가루나 감자 등으로 만든 것으로 삶은 경단과 같은 것으로 체코 특유의 것이다. 보통은 고기 요리나 체코굴라쉬(헝가리 구와쉬인 쇠고기 스튜와 비슷)와 함께 먹지만, 크네들리키 속에 자두나 딸기 등을 넣고 사탕과 버터를 발라서 먹을 수도 있다.

무엇인가 먹으러 가시지 않겠습니까?
Nepůjdeme se někam najíst?
네뿌이데메 쎄 녜깜 나이스뜨

저녁을 내고 싶습니다.
Chci vás pozvat na večeři.
흐찌 와스 뽀즈와뜨 나 웨체르지

어디로 저녁을 먹으러 갈까요?
Kam půjdeme na večeři?
깜 뿌이데메 나 웨체르지

좋은 레스토랑을 가르쳐 주시겠습니까?
Můžete mi doporučit dobrou restauraci?
무제떼 미 도뽀루취뜨 도브로우 레스따우라찌

체코 요리를 먹고 싶습니다.
Chtěl(a) bych jíst české jídlo.
흐쩰(라) 비흐 이스뜨 체스께 이들로

예약해 주실 수 있습니까?
Můžete mi rezervovat stůl?
무제떼 미 레제르워와뜨 스뚤

비어 있는 자리가 있습니까?
Máte volná místa?
마떼 월나 미스따

죄송합니다. 자리가 다 찼습니다.
Promiňte. Všechno je obsazeno.
쁘로미뉘떼. 프셰흐노 예 오쁘싸제노

웨이터, 이 두 자리가 비어 있습니까?
Pane vrchní, jsou tato dvě místa volná?
빠네 브르흐뉘, 소우 따또 드웨 미스따 월나

여기는 비어 있습니까?
Je tady volno?
예 따디 월노

아니오, 비어 있지 않습니다.
Ne, je obsazeno.
네, 예 오쁘싸제노

(우리들은) 저녁을 먹겠습니다.
Budeme večeřet.
부데메 웨체르제뜨

무엇인가 권해 주시지 않겠습니까?
Co nabízíte?
쪼 나비지떼

여기서 자랑하는 요리는 무엇입니까?
Jakou tu máte specialitu?
야꼬우 뚜 마떼 스뻬찌알리뚜

메뉴를 보여 주시오.
Jídelní lístek, prosím.
이델뉘 리스떼끄, 쁘로씸

식사

무엇으로 하시겠습니까?
Co si přejete?
쪼 씨 쁘르제예떼

무엇을 드시겠습니까?
Co si dáte?
쪼 씨 다떼

맑은 쇠고기 수프를 주십시오.
Hovězí vývar, prosím.
호웨지 위와르, 쁘로씸

구운 돼지 고기 요리와 크레들리키(삶은 경단)을 부탁합니다.
Vepřovou pečeni knedlíky,prosím.
웨쁘르죠워우 뻬체뉘 스 끄네들리끼, 쁘로씸

저도 같은 것으로 주십시오.
Já také ; Mně totéž.
야 따께; 므녜 또떼쉬

어떤 와인이 좋겠습니까? 단 것입니까, 드라이(쓴 맛이 나는)한 것입니까?
Jaké chcete? Sladké nebo suché?
야께 흐쩨떼 슬라뜨께 네보 수헤

드라이 한 것으로 부탁합니다.
Nějaké suché, prosim.
녜야께 수헤, 쁘로씸

맥주를 1병 부탁합니다.
Jedno pivo, prosím.
예드노 삐워, 쁘로씸.

식사

계산을 부탁합니다.
Platit, prosím.
쁠라띠뜨, 쁘로씸

전부 같이 지불합니다.
Platíme všechno dohromady.
쁠라뛰메 프셰흐노 도흐로마디

각자 계산합니다.
Platíme každý zvlášť'.
쁠라뛰메 까쥐디 즈블라쉬뛰

식사

Tip

레스토랑은 값에 따라 특, Ⅰ, Ⅱ, Ⅲ 등급 skupina으로 나누어져있다. 「특」이 제일 고급이다. 식사는 레스토랑(restaurace) 외에 와인 레스토랑(vinárna)이나 선술집(hospoda) 에서도 할 수 있다. 계산은 테이블에 두거나 웨이터를 부를 수 있지만, 돈을 취급하는 사람이 정해져 있으므로 회계를 꼭 불러야 되는 경우도 있다. 팁은 요금의 10%정도를 두고, 간단하게 식사를 마치고 싶은 경우에는 부펫(bufet)으로 햄류나 샐러드, 빵 등을 먹을 수 있고, automat라고 말하는 셀프 서비스의 식당도 있다. 또, 작은 좌판의 소시지도 맛이 괜찮다. 1989년 말 이후 서유럽처럼 미국에서 체코인 얀 크로츠가 창립한 패스트푸드레스토랑인 맥도널드 등 패스트푸드 음식점이 많이 있어 편리하다. 그러나 시내 중심을 제외하고는 맛있고 값싼 체코 음식을 즐길면 여행기분이 더 좋아 질것이다.

Tip JÍDELNÍ LÍSTEK (메뉴)

Předkrmy(쁘르제뜨끄르미): 전체, 식욕 돋구는 간단한 차가운 요리
olejovky (올레요프끼): 생선 통조림
šunka sýr s okurkou (슝까 스오꾸르꼬우): 오이 곁들인 햄
uherský salám (우헤르스끼 쌀람):헝가리 살람미
eidamský sýr s máslo (에이담스끼 씨르 아 마슬로):
버터를 곁들인 아담 치즈
ruské vejce (루스께 웨이쩨) : 러시아 계란 요리
(계란후라이 위에 햄과 샐러드를 얹고 마요네즈를 첨가함)
sleď v oleji (슬레뛰 흐올레이): 청어 기름 튀김
tresčí játra (뜨레스취 야뜨라): 대구 간요리
kaviár (까위아르): 캐비아

Polévky (스뽈레프끼): 수프
hovězí vývar (호웨지 위와르): 맑은 쇠고기 수프
hovězí vývar s nudlemi (호웨지 위와르 스누들레미)
:누들이 든 비프 콘소메 수프
hovězí vývar s vejcem (호웨지 위와르 스웨이 쩸)
:날계란 든 비피 콘소메 수프
hovězí polévka s játrovými knedlíčky
(호웨지 뽈레프까 스야뜨로위미 끄네들리츠끼 쩸)
:간으로 만든 고기 경단이 들은 비프 수프
slepičí polévka (슬레삐취 뽈레프까): 닭 수프
bramborová polévka (브람보로와 뽈레프까): 감자 수프
houbová polévka (호우보와 뽈레프까): 버섯 수프
hrachová polévka (흐라호와 뽈레프까): 완두콩 수프
zeleninová polévka (젤레니노와 뽈레프까): 야채 수프
dršťková(드르슈뛰고와) :내장 수프(소, 돼지 등)

Specialita (스뻬찌알리따) 특별 요리
Hotová jídla (호또와 이들라):일반 요리(준비된 요리)
hovězí guláš (호웨지 굴라쉬):비프 굴라쉬
segedínský guláš (쎄게딘스끼 굴라쉬):

세게도 식 (약간 매운 헝가리 식) 굴라쉬

hovězí svíčková na smetaně (호웨지 스위츠꼬와 나스메따네)
크림소스를 곁들여 맛을 낸 쇠고기 등심 요리
★가장인기 잇는 전통요리의 하나

roštěná na paprice (로쉬쪠나 나빠쁘리쪠)
:고추를 곁들여 맛을 낸 구운 쇠고기 요리

telecí pečeně (뗄레찌 뻬체네) :송아지 고기 로스트

vepřový řízek přírodní (웨쁘죠위 르지제끄 쁘르지로드뉘)
:구운 돼지 고기 (그대로 구운 것)

vepřová pečeně, knedlík, zelí
(웨쁘르죠와 뻬체네,끄네들리끄, 젤리)
:로스트 포크, 크네들리키, 사워크라우트
★가장인기 잇는 전통돼지 고기 요리

vepřová kýta na paprice (웨쁘르죠와 끼따 나빠쁘리쪠)
:고추를 곁들여 맛을 낸 돼지 고기 넓적다리 부분요리

vepřové žebírko se špenátem
(웨쁘르죠웨 줴비르꼬 쎄슈뻬나뗌)
:구운 돼지 고기 (그대로 구운것)

smažený řízek(스마줴니 르지제끄):돈가스, 돼지고기 커틀렛

karbanátek (까르바나떼끄) :햄버거

Drůbež (드루베쉬) 날짐승 요리

pečené kuře (뻬체네 꾸르제) :로스트 치킨

smažené kuře (스마줴네 꾸르제) :후라이드 치킨

kuře na paprice (꾸르제 나빠쁘리쪠)
:고추를 곁들여 맛을 낸 닭고기 요리

pečená husa (뻬체나 후싸) :거위 로스트

pečená kachna (뻬체나 까흐나) :집오리 로스트

Ryby (리비) 생선요리

pstruh na másle (쁘스뜨루흐 나마슬레)
:버터를 곁들인 송어 요리

식사

smažené filé (스마줴네 휠레)

:튀긴 생선살 요리(휠레—백생선살)

smažený kapr (스마줴니 까쁘르) :튀긴 잉어 요리

Bezmasá jídla (베즈마싸 이들라) **고기 없는 요리**

omeleta se špenátem (오멜레따 쎄 쉬뻬나뗌) 시금치 오믈렛

švestkové knedlíky (쉬웨스뜨꼬웨 끄네들리끼):

자두 크네들리키(삶은 경단)

čočka s vejcem (쵸츠까 스웨이쩸)

삶은 달걀을 곁들여 걸쭉하게 만든 렌즈콩 요리

smažený květák (스마줴니 끄웨따끄) 튀긴 꽃양배추 요리

식사

Jídla na objednávku (이들라 나오브예드나프꾸) **주문 요리**

biftek s vejcem (비프떼끄 스웨이 쩸) 계란요리 비프 스테이크

telecí játra, tatarská omáčka (뗄레찌 야뜨라, 따따르스까 오마츠까)

송아지 간요리, 타타르 소스

(마요네주 소스에 오이, 양파,파슬리 등을 잘게 다져 섞은 것)

vepřový medailon (웨쁘르죠위 메다일론) 돼지고기 메달리온

řezný ze svíčkové (르제즈니 제스위츠꼬웨)

:비프 스테이크(저민 쇠고기 등심요리)

Salát (쌀라뜨) **샐러드**

okurkový salát (오꾸르꼬위 쌀라뜨) :오이 샐러드

rajčatový salát (라이챠또위 쌀라뜨) :토마토 샐러드

míchaný salát (미하니 쌀라뜨) :믹스 샐러드

Kompoty (꼼뽀띠) **콤포트(과일 설탕 절임)**

ananasový kompot (아나나쏘위 꼼뽀뜨) :파인애플 콤포트

meruňkový kompot (메루뉘꼬위 꼼뽀뜨) :살구 콤포트

michaný kompot (미하니 꼼뽀뜨) :믹스 콤포트

Zákusky/Moučníky (자꾸스끼/ 모우츠뉘끼) **디저트(과자나 케익)**

čokoládový dort (쵸꼴라도위 도르뜨) :초콜릿 케익

pařížský dort (빠르지쉬스끼 도르뜨)

:생크림과 카카오 · 초콜릿을 곁들인 케익

jablkový závin (야블꼬위 자윈) :애플 파이
palačinky (빨라칭끼) :팬케익(서양 과자의 하나)
puding se šlehačkou (뿌딩 쎄 쉴레하츠꼬우) :생크림 푸딩
zmrzlina (즈므르즐리나) :아이스크림
zmrzlinový pohár (즈므르슬리노뷔 뽀하르) :아이스크림 선디
ananas se šlehačkou (아나나쓰 쎄 쉴레하츠꼬우)
:생크림 얹은 파인애플

Přílohy (쁘르질로히) **곁들인 요리**
dušená rýže (두쉐나 리졔) :쌀밥
knedlíky (끄네들리끼) :크네들리키(삶은 경단)
hranolky (흐라놀끼) :프렌치 프라이(감자 튀김)
brambory (브람보리) :삶은 감자
bramborová kaše (브람보로와 까쉐) :으깬 감자 기타
párek (빠레끄) :소시지
tlačenka s cibulí(뜰라쳉까 스찌불리)
:양파를 곁들인 젤리타입의 돼지고기 판육
míchaná vejce (미하나 웨이쪠) :스크램블 애그
vejce naměkko (웨이쪠 나므녜꼬) :삶은 계란(반숙)
vejce natvrdo (웨이쪠 나뜨브르도) :삶은 계란 (푹 삶은 것)
obložené chlebíčky (오블로줴네 흘레비츠끼)
:오픈(한쪽) 호밀빵 샌드위치

식사

찻집,다방

커피를 마시러 갑시다.
Půjdeme ná kávu.
뿌이데메 나 까부.

다방에서 쉬지 않겠습니까?
Nesedneme si do kavárny?
네쎄드네메 씨 도 까와르니

시원하게 마실만한 게 없을까요?
Máte nějaký studený nápoj?
마떼 녜야끼 스뚜데니 나뽀이

커피 2잔과 초콜릿 케익 1개 주십시오.
Dvakrát kávu a jednou
드와끄라뜨 까부 아 예드노우
čokoládový dort, prosím.
쵸꼴라도위 도르뜨, 쁘로씸

아이스크림 콘을 주십시오.
Zmrzlinový pohár, prosím.
즈므르즐리노위 뽀하르, 쁘로씸.

Tip

일류 호텔에는 따로 있지만, 보통 레스토랑이나 대중 식당에서 커피 káva라고 하면 일반적으로 터키식 커피(turecká káva)라 통한다. 이것은 원두커피를 곱게 간 가루를 끓여 낸 것으로, 휘저은 다음 가루가 밑으로 가라앉게 한 후에 마시지 않으면, 입속이 가루투성이가 되어 버리는 커피이다. 터키에서는 다 마신 후 잔을 잔받침대에 엎어 놓았다가 잔속에 흘려내린 커피찌꺼기 무늬로 하루의 운수를 점친다. 커피향이 진하고 일품이다. 이것이 다루기 어렵다고 생각하는 사람은 에스프레소 espreso를 부탁하는 쪽이 무난하다. 에스프레소라고 해도 이탈리아풍의 진한 것이 아니고 그냥 우리가 마시는 것과 비슷하다. 그외 빈커피 아메리칸 커피 등 다양하다

식료품점

커피 200그램을 갈아 주십시오.
Dvacet deka kávy, umlít prosím.
드와쩨뜨 데까 까뷔, 우믈리뜨 쁘로씸.

이 빵의 반을 살 수 있습니까?
Můžu koupit půlku chleba?
무쥬 꼬우삐뜨 뿔꾸 흘레바

호우스카(롤빵)를 5개 주십시오.
Pět housek, prosím.
뻬뜨 호우쎄끄, 쁘로씸.

프라하 햄 100그램을 주십시오.
Deset deka pražské šunky, prosím.
데쎄뜨 데까 쁘라쉬 스께 슌끼, 쁘로씸

헝가리 살라미를 200그램 주십시오.
Dvacet deka uherského salámu.
드와쩨뜨 데까 우헤르스께호 쌀라무

차 1봉지 주십시오.
Balíček čaje, prosím.
발리체끄 챠예, 쁘로씸

주류

당신은 술을 마십니까?
Pijete alkohol?
삐예떼 알꼬홀

당신은 술을 좋아합니까?
Máte rád(a) alkohol?
마떼 라뜨(라다) 알꼬홀

나는 안 마십니다.
Já nepiju.
야 네삐유

나는 맥주를 대단히 좋아합니다.
Mám moc rád(a) pivo.
맘 모쯔 라뜨(라다) 삐워

한 잔 할까요?
Nedáme si spolu skleničku?
네다메 씨 스뽈루 스끌레니츠꾸

샴페인 1병을 주십시오.
Láhev šampaňského, prosím.
라헤프 샴빤뉘스께호, 쁘로씸.

슬라보비쩨란 어떤 것입니까?
Co to je slivovice?
쪼 또 예 슬리워위쩨

자두로 만든 독한 술입니다.
Je to siný alkohol ze švestek.

건강을 위하여!
Na zdraví!
나즈드라위

나는 취했습니다.
Jsem opilý(-lá).
이셈 오삘리(-라)

Tip

맥주, 알코홀, 와인 음료는 문화를 나타내는 것이라고도 일컬어지고 있다. 체코를 대표하는 음료는 「맥주 pivo」이다. 국민 일인당 하루 평균 500cc한잔씩이라는 통계처럼 국민 일인당 세계에서 맥주를 가장 많이 소비하는 나라 답게 어디를 가도 생맥주집이 인기를 끌고 있다. 수많은 종류 중에서 가장 유명한 것은 유럽 맥주의 원조로 일컫는 필젠 맥주라고도 불리는「필젠 12도 plzeňská dvanáctka」이다. 12도라는 것은 알코올(맥아 도수임)도수가 아니다. 수출용 병에 든 이 맥주는 간혹 의사들이 약으로 처방할 정도다. 다음으로 유명한 것은「부드바르 Budvar」이다. 남 보헤미아의 아름다운 도시 체스케부제요비쪠 České Budějovice의 맥주와 이 도시의 옛 독일 이름 Budweiser에서 미국의 맥주「버드와이저」가 나왔다. 체코 버드와이저는 호프를 주원료로 한 향기 좋은 맥주인 반면에 미국산 버드와이저는 반화학 맥주이다. 리케르(정제 알코올에 설탕, 향료를 섞은 혼성주)로 유명한 카를로비바리 Karlovy Vary의 베헤로프카 becherovka가 있다. 조금 씁쓸한 듯 하나 단맛이 나는데 황금색의 연노랑빛이 나는 술로 식사 전에 식욕을 돋구기 위해서 마신다. 카를로비바리에 있는 온천 12개의 샘 원탕보다도 소화에 잘 들어, 13번째의 샘원(泉源) třináctý pramen이라는 농담으로 부르기도 한다. 체코에서 생산하는 고급 술이다. 체코 사람들 한테서 초대받았을 때 선물로 제격이다. 체코의 남부 지방인 모라비아에는 질 좋은 와인 생산으로 유명하다.

요즘 생활환경의 변화와 새로운 경향으로 젊은 여성들이 와인을 선호하는 경향이 늘어가고 있어 질좋은 수입산 및 국내 와인 및 샴페인(샘페인이 프랑스 고유한 술 이름이라서 체코에서는 섹트sekt 라고 한다)의 소비가 현저하게 늘어가고 있다. 백포두주로는 밀러 투르가이(Müller Thurgau)가 유명하고 적포도주로는 프란코프카(Frankovka)가 인기 있다. 그외 독한 과일 브랜디로 슬리보비쩨(slivovice), 럼, 보드카 등 다양한 술이 있고 술문화가 잘 정착되어 있다.

식사

Tip

무 배추(kedluben) : UFO와 같은 형의 포기 종자, 잎을 떼고 껍질을 벗겨서 먹는다. 날로도 먹을 수 있다.
잔주름 배추(kapusta) ; 양배추 zeli와 거의 같은 것이지만, 잎이 오그라져 있다.
큰 산파(pažitka) ; 가는 파의 일종, 수프 등에 넣는다.
딜(kopr) ; 향료로서 사용되는 미나리과의 식물, 수프나 피클을 만들 때 사용한다.

담배

당신은 담배를 핍니까?
Kouříte?
꼬우르지떼

아니오, 피지 않습니다.
Ne, nekouřím.
네, 네꼬우르짐

최근에 금연했습니다.
Nedávno jsem přestal(a) kouřit.
네다브노 셈 쁘르제스딸(라) 꼬우르지뜨

하루에 얼마나 피웁니까?
Kolik cigaret za den vykouříte?
꼴리끄 찌가레뜨 자 덴 위꼬우르지떼

여기에서 담배를 피워도 좋습니까?
Smí se tady kouřit?
스미 쎄 따디 꼬우르지뜨

여기는 금연입니다.
Tady je zakázáno kouřit.
따디 예 자까자노 꼬우르지뜨

12. 통신

♣ 우체국은 월요일부터 금요일까지 오전 8시부터 오후 6시, 토요일은 오전 8시부터 12시까지 영업한다. 중앙 우체국(hlavní pošta)은 24시간 영업이다. 화물 중에서 책(인쇄물)이나 레코드는 어느 우체국에서나 보낼 수 있지만, 그 외의 것은 세관 celnice이 있는 우체국이 아니면 보낼 수 없다.

유편

당신과 펜팔하고 싶습니다.
Chtěl(a) bych si s vámi dopisovat.
흐쩰(라) 비흐 씨 스와미 도삐쏘와뜨

당신의 주소를 가르쳐 주시겠습니까?
Můžete mi dát vaši adresu?
무줴떼 미 다뜨 와쉬아드레쑤

이 편지를 부쳐 주시겠습니까?
Můžete mi hodit tento dopis do schránky?
무줴떼 미 호디뜨 뗀또 도삐스 도 스흐랑끼

그림 엽서가 항공으로 한국까지 얼마입니까?
Kolik stojí pohlednice letecky
꼴리끄 스또이 뽀흘레드니쩨 레떼쯔끼
do Jižní Koreje?
도 이쥐뉘 꼬레예

5코루나 우표 5장 주십시오.
Pět pětikorunových známek, prosím.
뻬뜨 뻬찌꼬 루노위흐 즈나메끄, 쁘로씸

이것은 인쇄물입니다.
To je tiskopis.
또 예 띠스꼬삐스

이것은 책입니다.
To jsou knihy.
또 쏘우 끄니히

편지

친애하는 노바크 씨!
Milý pane Nováku!
밀리 빠네 노와꾸

친애하는 노바코바 씨! (노바크 부인!)
Milá paní Nováková!
밀라 빠뉘 노와꼬와

존경하는 체르니 씨!
Vážený pane Černý!
와줴니 빠네 체르니

존경하는 체르나 여사님!
Vážená paní Černá!
와줴나 빠뉘 체르나

사랑하는 까렐!
Milý Karle!
밀리 까를레

사랑하는 알레나!
Milá Aleno!
밀라 알레노

어떻게 지내십니까?
Jak se máte?
약 쎄 마떼

먼저 진심으로 인사를 올립니다.
Nejdříve Vás srdečně pozdravuji.
네이드르지웨 와스 스르데츠녜 뽀즈드라부이

편지 고마웠습니다.
Děkuji Vám za váš dopis.
뎨꾸이 왐 자 와쉬 도삐스

건강하시기를.
Přeju Vám hodně zdraví.
쁘르제유 왐 호드녜 즈드라위

잘 지내세요.
Mějte se moc hezky.
므녜이떼 쎄 모쯔 헤스끼

통신

조만간 편지 주십시오.
Napište mi brzy.
나삐쉬떼 미 브르지

가족에게 안부 전해 주십시오.
Pozdravujtě ode mě rodinu.
뽀즈드라부이떼 오데 므녜 로디누

우정어린 인사와 함께.
S přátelským pozdravem.
스 쁘르자뗄스낌 뽀즈드라웸

당신의 규진.
Váš Kjudžin(Kyuchin).
와쉬 규진

그림 엽서카드

프라하로부터 따뜻한 안부 인사를 보냅니다. 민희.
Srdečné pozdravy z Prahy posílá
스르데츠네 뽀즈드라위 스쁘라히 뽀씰라
Min Hee.
민희

생일을 맞아 많은 행복과 건강과 만족을 기원합니다.
K Vašim narozeninám Vám přeji
끄와쉼 나로제니남 왐 쁘르제이,
hodně štěstí, zdravía
호드녜 쉬낌 즈드라위 아
spokojenosti. Jiří Holub.
스뽀꼬예노스뛰, 이르지 홀루쁘

당신의 명명일(축일)에 만사형통과 무엇보다 건강과 하시는 일의 성공을 기원합니다.
밀란과 야나 수크(부부).
K Vašemu svátku vše nejlepší,
끄와세무 스와뜨꾸 프세 네이레쁘쉬,
hlavně hodně zdraví a úspěchů v
흘라브녜 호드녜 즈드라위 아 우스
práci přejí Milan a Jana Sukovi.
프쁘라찌 쁘르제이 밀란 아 야나 수꼬위

즐거운 크리스마스와 행복한 신년을 당신과 당신의 가족 모두에게 기원합니다. 차펙 일가.
Veselé vánoce a šťastný nový rok
웨쎌레 와노쩨 아 쉬짜스뜨니 노위 로끄
Vám i celé Vaší rodině přejí
왐 이 레쩰 와쉬 로디녜 쁘르제이
Čapkovi.
챠쁘꼬위

통신

전보

서울로 전보를 치고 싶습니다.
Chtěl(a) bych poslat telegram do
흐쩰(라) 비흐 뽀슬라뜨 뗄레그람 도
Soulu.
소울루

전보 용지를 주시겠습니까?
Dal(a) byste mi blanket?
달(라) 비스떼 미 블랑께뜨

프라하로 이 전보를 치는데 얼마입니까?
Kolik stojí tenhle telegram do
꼴리끄 스또이 뗀흘레 뗄레그람 도
Prahy?
쁘라히

전보를 빠른 것으로 해 주십시오.
Pošlete tenhle telegram spěšně,
뽀쉴레떼 뗀흘레 뗄레그람 스삐쉬녜
prosím.
쁘로씸

통신

♠ 전보를 칠 때는 알파벳 전부를 대문자로 하고 위에 붙는 기호는 쓰지 않는다.

러드니쩨-발티쩨 고딕양식+바로크 양식

전화 신청

한국 대사관에 전화를 하고 싶습니다.
Chtěl(a) bych zavolat na
호쩰(라) 비흐 자월라뜨 나이
jihokorejské velvyslanectví.
호꼬레이스께 웰위슬라네쯔뜨위

프라하의 전화 번호부를 빌려 주십시오.
Můžete mi půjčit pražský
호께(라) 비흐 자월라뜨 나이
telefonní seznam?
뗄레포뉘 쎄즈남

공중 전화는 어디에 있습니까?
Kde je veřejný telefon?
그데 예 웨르제이니 뗄레폰

전화를 빌려 주시겠습니까?
Můžu siod vás zavolat?
무쥬 오 뜨와스 자월라뜨

당신의 전화 번호는 몇 번입니까?
Jaké máte telefonní číslo?
야께 마떼 뗄레포뉘 취슬로

집은 20 45 87입니다.
Domů je 20 45 87.
도무 예 드와쩨뜨 츠띠르지쩨뜨 오숨데싸뜨쎄둠

통신

근무처는 27 56 68, 내선은 46입니다.
Do práce je 27 56 68,
도 쁘라쩨 예 드와쩨뜨쎄둠 빠데싸뜨쉐쓰뜨 쉐데싸뜨오숨

linka 46.
링까 츠띠르지쩨뜨 쉐스뜨

한국에 전화 신청을 하고 싶습니다.
Chtě l(a) bych hovor do Jižní Koreje.
흐쪨(라) 비흐 호워르 도 이쥐뉘 꼬레예

서울의 4372-3487를 부탁합니다.
Chtěl(a) bych Soul číslo 43
흐쪨(라) 비흐 쏘울 취슬로 츠띠르지쩨뜨뜨르지

72 34 87.
쎄둠데싸뜨드와 뜨르지쩨뜨츠띠르지 오쑴데싸뜨쎄둠

수신자 부담으로 부탁합니다.
Na účet volaného, prosím.
나 우체뜨 월라네호, 쁘로씸

통신

Tip

전화 번호를 읽는 방법은 보통 2자리씩 끊어 읽는다. 다시 말해서, 20 45 87이라면 20과 45와 87을 구별해서 읽는 것이 습관적으로 되어 있다. 국제 전화는 국제 전화용의 공중 전화에서 걸 수 있었으나, 현재는 전화 카드로 어디서나 가능하다. 중앙 우체국이라면 24시간 연결해 주므로 편리하다. 우체국에는 처음에 얼마의 요금을 지불해 두고, 통화를 한 다음에 정산하면 된다. 전화카두는 체코 국내용도 있고 우리나라처럼 선불카드도 있다. 국내용도 물론 외국으로 전화 걸수도 있으며 국제용 선불카드를 카드 고유번호를 먼저 입력하고 전화번호를 돌려야 한다.

전화, 대화

여보세요, 프로하스카씨 계십니까?
Haló, je tam pan Procházka?
할로, 예 땀 빤 쁘로하스까

접니다.
U telefonu.
우 뗄레포누

잠깐만 기다려 주세요.
Okamžik, prosím.
오깜쥐끄, 쁘로씸

체르니 씨와 말하고 싶습니다.
Chtěl(a) bych mluvit s panem
흐쩰(라) 비흐 믈루위뜨 스 빠넴
Černým.
체르님

전화하신 분은 누구십니까?
Kdo volá?
그도 월라

한국의 김입니다.
Tady je Kim, Jižní Korea.
따디 예 낌, 이쥐뉘 꼬레아

마렉 씨, 김 씨 전화입니다.
Pane Marku, volá vám pan Kim.
빠네 마르꾸, 월라 왐 빤 낌

통신

13. 인간관계

마중

잘 오셨습니다! (단수) ; 저는 당신을 환영합니다.
Vítám vás.
위땀 와스

잘 오셨습니다! (복수) ; 우리들은 당신을 환영합니다.
Vítáme vás.
위따메 와스

한국에 정말 잘 오셨습니다.
Vítáme vás v Jižní Koreji.
위따메 와스 프 이쥐뉘 꼬레이

조금 피곤합니다.
Jsem trochu unavený(-ná).
이셈 뜨로후 우나웨니(-나)

아니오, 괜찮습니다.
Ne, je to v pořádku.
네, 예 또 프 뽀르자뜨구

마중 나와 주셔서 고맙습니다.
Děkuju, že jste mi přišli naproti.
데꾸유, 줴 스떼 미 쁘르지쉴리 나쁘로띠

환송

시간이 빨리 지나 이제 헤어지게 되었습니다.
Čas rychle utíká, už se musíme loučit.
차스 리흘레 우띠까, 우쉬 쎄 무씨메 로우치뜨

곧 뵙게 되면 좋겠지요.
Doufám, že se zase brzy uvidíme.
도우팜, 줴 쎄 자쎄 브르지 우위디메

즐거운 여행 되세요!
Šťastnou cestu!
쉬따뜨노우 쩨스뚜

잘 지내세요.
Mějte se hezky.
므녜이떼 쎄 헤스끼

일의 성공을 빕니다.
Přeju vám úspěch v práci.
쁘르제유 왐 우스뻬흐 프쁘라찌

건강을 빕니다.
Přeju vám hodně zdraví.
쁘르제유 왐 호드녜 즈드라위

인간관계

축하

축하해!
Blahopřeju!, Gratuluju!
블라호프르제유, 그라뚤루유

생일 축하해!
Blahopřeju vám k narozeninám!
블라호쁘르제유 왐 끄 나로제니남

명명일(축일)을 축하해!
Blahopřeju vám k svátku!
블라호쁘르제유 왐 끄 수와뜨꾸

결혼 축하해!
Blahopřeju vám k sňatku!
블라호쁘르제유 왐 끄 스냐뜨꾸

결혼 축하합니다.
Přijměte mé srdečné blahopřání k sňatku.
쁘르지므녜떼 메 스르데츠네 블라호쁘르자늬 끄 스냐뜨꾸

성공을 축하해!
Blahopřeju vám k úspěchu!
블라호쁘르제유 왐 끄 우스뼤후

만사 형통을 빕니다.
Přeju vám všechno nejlepší.
쁘르제유 왐 프셰흐노 네이레쁘쉬

당신의 건강과 행복과 일의 성공을 빕니다.
Přeju vám mnoho zdraví, štěstí a úspěchů v práci.
쁘르제유 왐 므노호 즈드라위, 쉬때 스띠 아 우스뻬후 프쁘라찌

부활절 축하해!
Veselé velikonoce!
웨쎌레 웰리꼬노쩨

크리스마스 축하해!
Veselé vánoce!
웨쎌레 와노쩨

신년 축하!
Šťastný nový rok!
쉬따스뜨니 노위 로끄

건배

건배! (건강을 빌며!)
Na zdraví!
나 즈드라위

건배! (원샷!)
Až do dna!
아쉬 도 드나

당신의 건강을 위하여.
Na vaše zdraví!
나 와세 즈드라위

우리의 우정을 위하여!

Na naše přátelství!

나나셰 쁘르자뗼스뜨위

체코의 경축일

Nový rok	노위 로끄	신년(일월,일일)
velikonoce	웰리꼬노쩨	부활절(4월중)
První máj	쁘르브뉘 마이	노동자의 날(5월 1일)
osvobození Československa	오스워보제뉘 체스꼬 슬로웬스까	해방 기념일(5월 8일)
vyhlášení samostatnosti	위흘라쉐뉘 싸모스따뜨노스뛰	독립 기념일(10월28일)
den studentů	덴 스뚜덴뚜	학생의 날(11월 27일)
vánoce	와노쩨	크리스마스

♣체코에는 이른바 「국경일」státní svátek 이라고 불리는1945년 5월 8일 독일 점령으로부터 해방된 「해방 기념일」과 1918년 10월 28일 오스트리아 · 헝가리 제국으로부터 독립한 「독립 기념일」이 있다. 이외에 신년, 부활절, 크리스마스가 축일이 된다. 또 7월 6일의 얀 후스의 날, 등이외의 중요한 날이 더 있다.

노바크 씨를 소개합니다.
Rád(a) bych vám představil(a)
라뜨(라다) 비흐 왐 쁘르제뜨스따윌(라)
pana Nováka.
빠나 노와까

저를 당신의 친구에게 소개해 주시겠습니까?
Můžete mě představit vašemu
무쥀떼 므녜 쁘르제뜨스따위뜨 와셰무
příteli?
쁘르지뗄리

알게 되어 반갑습니다.
Těší mě, že vás poznávám.
쩨시므녜, 줴 와스 뽀즈나왐

제 소개를 드리겠습니다.
Dovolte, abych se představil(a).
도월떼, 아비흐 쎄 쁘르제뜨스따윌(라)

제 소개를 하고 싶습니다.
Rád(a) bych se představil(a).
라뜨(라다) 비흐 쎄 쁘르제뜨스따윌(라)

나는 김길동입니다.
Jsem Gildong, Kim.
이셈 길동, 김.

홀룹 씨를 아십니까?
Znáte pana Holuba?
즈나떼 빠나 홀루바

서로 아십니까?
Znáte se?
즈나떼 쎄

우리들은 서로 아는 사이입니다.
My se známe.
미 쎄 즈나메

만나서 기쁩니다. (두번째 이후)
Jsem rád(a), že vás vidím.
이셈 라뜨(다), 줴 와스 위딤

오래간만입니다.
Už jsme se dlouho neviděli.
우쉬 스메 쎄 들로우호 네위젤리

약속

당신을 뵙고 싶습니다.
Chtěl(a) bych se s vámi setkat.
흐쪨(라) 비흐 쎄 스 와미 쎄뜨까뜨

만나서 잠깐 말할 수 있습니까?
Mohli bychom se sejít a trochu si
모흘리 비홈쎄 쎄 이뜨 아 뜨로후 씨
popovídat?
뽀뽀위다뜨

인간관계

언제 괜찮겠습니까?
Kdy se vám to hodí?
그디 쎄 왐 호뒤

언제든지 상관없습니다.
Můžu kdykoliv.
무쥬 그디꼴리프

공교롭게 오늘은 안됩니다.
Bohužel, dnes nemůžu.
보후젤, 드네스 네무쥬

언제 시간이 있습니까?
Kdy máte čas?
그디 마떼 챠스

내일 오후에 시간이 있습니까?
Máte čas zítra odpoledne?
마떼 챠스 지뜨라 오뜨뽈레드네

3시 이후라면 시간이 있습니다.
Mám čas po třetí.
맘 차스 뽀 뜨르제뛰

어디서 만날까요?
Kde se sejdeme?
그데 쎄 쎄이데메

호텔 로비에서 만나기로 할까요?
Sejdeme se v hale hotelu?
쎄이데메 쎄 브 할레 호뗄루

인간관계

기다리고 있겠습니다.
Těším se na vás.
떼쉼 쎄 나와스

접수에서

체르막 씨를 만나고 싶습니다.
Chtěl(a) bych se setkat s panem Čermákem.
흐뗄(라) 비흐 쎄 쎄뜨까드 스 빠넴 체르마껨

약속이 됐습니까?
Jste ohlášený(-ná)?
이스떼 오흘라쉐니 (-나)

용건은?
Co si přejete?
쪼 씨 쁘르제예떼

3시에 약속되어 있습니다.
Jsem ohlášený(-ná) na tři hodiny.
이셈 오흘라쉐니(-나) 나 뜨르지 호디니

아니오, 약속은 없습니다.
Ne, neohlásil(a) jsem se.
네, 네오흘라씰(라) 셈 쎄

제 이름을 전해 주시겠습니까?
Mohl(a) byste mě u něho ohlásit?
모흘(라) 비스떼 므녜 우 녜호 오흘라씨뜨

인간관계

우리 집에 와 주십시오.
Přijďte k nám.
쁘르지이뛰떼 끄 남

언제 우리 집에 와 주시겠습니까?
Kdy k nám můžete přijít?
그디 끄 남 무줴떼 쁘르지이뜨

월요일에 저녁 식사를 하러 오시겠습니까?
Můžu vás pozvat k nám na večeři v pondělí?
무쥬 와스 뽀즈와뜨 끄 남 나웨 체르지 프 뽄르젤리

우리들 파티에 와 주십시오.
Přijďte k nám na večírek.
쁘르지이뛰떼 끄 남 나 웨취레끄

초대 고맙습니다. 기쁘게 가겠습니다.
Děkuju za pozvání. Rád(a) přijdu.
데꾸유 자 뽀즈와늬 라드(라다) 쁘르지이두

들어오십시오.
Pojďte dále.
뽀이뛰떼 달레

잘 오셨습니다.
Vítáme vás.
위따메 와스

늦어서 미안합니다.
Promiňte, že přicházím pozdě .
뻐로미뉘떼, 줴 뻐르지하쥠 뽀즈데

실례가 되시 않겠습니까?
Nevyrušuju?
네위루슈유

천만에요, 언제든지 대환영입니다.
Vůbec ne. Jste vždy vítán(a).
위베쯔 네. 이스떼 브쥐디 위딴(위따나)

와 주셔서 정말 기쁩니다.
To jsem rád(a), že jste přišel(-šla).
또 셈 라뜨(라다), 줴 스떼 뻐르지쉘 (-쉴라)

초대해 주셔서 고마웠습니다.
Děkuju za pozvání.
뎨꾸유 자 뽀즈와뉘

코트를 벗으십시오.
Odložte si.
오돌로쥐떼 씨

앉으십시오.
Posad'te se.
뽀싸뛰 떼 쎄

인간관계

편하게 하세요.
Udělejte si pohodlí.
우젤레이떼 씨 뽀호들리

집에서 있는 것처럼 편하게 하세요.
Chovejte se tady jako doma.
호웨이떼 쎄 따디 야꼬 도마

틈, 여유

너무 오래 있었습니다.
Dlouho jsem se u vás zdržel(a).
들로우호 셈 우와 스 즈드르젤(라)

이제 그만 헤어져야겠군요.
Rád(a) bych se s vámi rozloučil(a).
라뜨(라다) 비흐 쎄 스와미 로즈로우췰(라)

유감이지만, 이제 실례해야겠습니다.
Bohužel, už musím jít.
보후, 우쉬 무씸 이뜨

정말 즐거웠습니다.
Bylo to moc hezké.
빌로 또 모쯔 헤스께

초대 고마웠습니다.
Děkuju za vaši pohostinnost.
뎨꾸유 자 와쉬 뽀호스띤노스뜨

멋있는 저녁 고마웠습니다.
Děkuju za krásný večer.
데꾸유 자 끄라스니 웨체르

대단히 즐거운 파티였습니다.
Byl to moc hezký večírek.
빌로 또 모쯔 헤스끼 웨취레끄

프라하 하벨스카 거리의 크리스마스 전경

14. 민족,정치,종교

국적,민족,출신

당신은 어느 나라 사람입니까?

Odkud jste?

오뜨꾸뜨 스떼

당신은 어디 출신입니까?

Odkud pocházíte?

오뜨꾸뜨 뽀하지떼

당신 국적은 어디입니까?

Jaké jste národnosti?

야께 스떼 나로드노스뛰

저는 한국인(남성)입니다.

Jsem Korejec.

이셈 꼬레예쯔

저는 한국인(여성)입니다.

Jsem Korejka.

이셈 꼬레이까

한국의 서울에서 왔습니다.
Jsem ze Soulu v Jižní Koreji.
이셈 제 쏘울루 브이쥐뉘 꼬레이

저분은 체코인입니까, 슬로바키아인입니까?
Je ten pán Čech nebo Slovák?
예 뗀 빤 체흐 네보 슬로와끄

그는 체코인입니다.
Je Čech.
예 체흐

Tip

체코의 정식 국명은 체코공화국(Česká republika)이다. 1990년 전 사회주의 시대때 체코슬로바키아 정식 국명은「체코 및 슬로바키아 연방공화국」Česká a Slovenská federativní republika이라고 하며 약칭은 ČSFR이었다. 체코슬로바키아 연방 공화국은 체코 공화국과 슬로바키아 공화국으로 되어 있었고, 체코어와 슬로바키아어가 공용으로 되어 있었다. 제2차 세계 대전 후인 1948년 이후, 체코슬로바키아 공산당 Komunistická strana Československa의 사실상 1당 지배가 계속하고 있었지만, 1989년 벨벳혁명에 의해서 민주화되어, 1990년 전후 처음으로 자유 선거가 행해졌다. 1993년 1월 1일부터 체코 공화국(Česká republika)과 슬로바키아 공화국(Slovenská republika)으로 각각 분리 독립하였다.

Tip 주요 나라, 민족명, 수도

〈유 럽〉

- 그리스 Řecko(르제쯔꼬) / 아테네 Atény(아뗴니)
  그리스인 Řek(르제끄) Řekyně (르제끼녜),
- 독일 Německo(녜메쯔꼬) / 베를린 Berlín(베를린)
  독일인 Němec(녜메쯔) Němka(녬까)
- 러시아 Rusko(루스꼬) / 모스크바 Moskva(모스끄와)
  러시아인 Rus(루스) Ruska(루스까),
- 스위스 Švýcarsko(슈위짜르스꼬) / 베른 Bern(베른)
  스위스인 Švýcar(슈위짜르) Švýcarka(슈위짜르까),
- 스페인 Španělsko(슈빠녤스꼬) / 마드리드 Madrid(마드리뜨)
  스페인인 Španěl(슈빠녤) / Španělka(슈빠녤까)
- 영국(대영 제국) Anglie(앙글리예)
  Velká Británie (웰까 브리따니예) / 런던 Londýn(론딘)
  영국인 Angličan (앙글리챤) / Angličanka(앙글리챵까)
- 오스트리아 Rakousko(라꼬우스꼬), 빈 Vídeň (비데뉘)
  오스트리아인 Rakušan(라꾸샨) / Rakušanka(라꾸샹까),
- 이태리 Itálie(이딸리예) / 로마 Řím(르짐)
  이태리인 Ital(이딸) Italka(이딸까)
- 체코공화국 Česká republika(체스까 레뿌블리까)
  프라하 Praha (쁘라하)
  체코인 Čech(m.) (체흐) / Češka(f.) (체슈까)
- 슬로바키아 Slovensko(슬로웬스꼬)
  브라티슬라바 Bratislava (브라뛰슬라와)
  슬로바키아인 Slovák(슬로와끄) / Slovenka(슬로웬까)
- 포르투갈 Portugalsko(뽀르뚜갈스꼬)
  리스본 Lisabon(리스사본)
  포르투갈인 Portugalec(뽀르뚜갈레쯔) Portugalka(뽀르뚜갈까),
- 폴란드 Polsko(뽈스꼬) / 바르샤바 Varšava(와르샤와)
  폴란드인 Polák(뽈라끄) Polka(뽈까),

민족, 정치, 종교

•프랑스 Francie(프란찌에) / 파리 Paříž (빠르지쉬)
프랑스인 Francouz(프란쪼우스) Francouzka(프란쪼우스까)
•핀란드 Finsko(핀스꼬) / 헬싱키 Helsinky(헬씽끼)
핀란드인 Fin(핀) Finka(핑까)
•헝가리 Maďarsko(마댜르스꼬)
부다페스트 Budapešť (부다뻬쉬뛰)
헝가리인 Maďar(마댜르) Maďarka(마댜르까),

〈아시아, 중동, 아프리카〉

•대한민국 Jižní Korea(이쥐뉘 꼬레아) / 서울 Soul(쏘울)
한국인 Korejec(꼬레예쯔) Korejka(꼬레이까),
•베트남 Vietnam(위에뜨남) / 하노이 Hanoj(하노이)
베트남인 Vietnamec(위에뜨나메쯔) / Vietnamka(위에뜨남까)
•북한 Korejská lidově-demokratická
평양 Pchjongjang republika
(꼬레이스까 리도와-데모끄라띠쯔까 레뿌블리까)
북한인 Korejec(꼬레예쯔) Korejka(꼬레이까)
•사우디 아라비아 Saúdská Arábie(싸우뜨스까 아라비에)
리야드 Rijád(리야뜨)
•이라크 Irák(아라끄) / 바그다드 Bagdád(바그다뜨)
아랍인 Arab(아라쁘) Arabka(아라쁘까)
이라크인 Iráčan(이라찬) / Iráčanka(이라창까),
•이스라엘 Izrael(이즈라엘) / 텔 아비브 Tel Aviv(텔 아위프)
이스라엘인 Izraelec(이즈라엘레쯔) Izraelka(이즈라엘까),
•이집트 Egypt(에기쁘뜨) / 카이로 Káhira(까히라)
이집트인 Egypt'an(에기쁘짠) Egypt'anka(에기쁘짠가)
•인도 Indie (인디) / 델리 Dillí(딜리)
인도인 Ind(인뜨) Indka(인뜨까),
•일본 Japonsko(야뽄스꼬) / 도쿄 Tokyo(또끼오)
일본인 Japonec(야뽀네쯔) Japonka(야뽕까)
•중국 Čína(취나) /북경 Peking(뻬낑그)
중국인 Číňan(취난) / Číňanka(취냥까)

민족, 정치, 종교

〈아메리카, 대양주 〉

•뉴질랜드 Nový Zéland(노위 젤란뜨)
웰링뜬 Wellington(웰링그똔)
뉴질랜드인 Novozéland'an(노워젤란쟌)
Novozéland'anka(노워젤란 쨘까 웰링톤)

•멕시코 Mexiko(메끄씨꼬)
멕시코시티 Mexiko city(메끄씨꼬씨띠)
멕시코인 Mexičan(메끄씨챤) Mexičanka(메끄씨챵까)

•브라질 Brazílie(브라질리예),
브라질리아 Brasilia(브라씰리아)
브라질인 Brazilec(브라질레쯔) Brazilka(블라질까),

•아메리카 합중국
Spojené státy americké[Amerika]
(스뽀예네 스따띠 아메리쯔께)
워싱턴 Washington(와싱그똔)
아메리카인
Američan(아메리챤) Američanka(아메리챵까),

•오스트레일리아 Austrálie(아우스뜨랄리예),
캔버라 Canberra(짠베라)
오스트레일리아인
Australan(아우스뜨랄란) Australanka(아우스뜨랄랑까)

•캐나다 Kanada(까나다) 오타와 Ottawa(오따와)
캐나다인 Kanaďan(까나 쟌)
Kanaďanka(까나 쟌까)

민족, 정치, 종교

종교

종교가 있습니까?(당신은 신자 입니까?)

Jste věřící?

스떼 웨르지찌

예, 카톨릭 신자입니다.

Ano. Jsem katolík.

아노. 이셈 까똘리끄

당신은 기독교 신자입니까?

Jste křesťan?

이스떼 끄르제스쨘

모라비아 지빙 길가 기도실

15. 직업

당신의 직업은?
Jake je vaše povolání?
야께 예 와셰 뽀월라뉘

당신 남편은 무슨 일을 하십니까?
Co dělá váš manžel?
쪼 뉘 라 와쉬 만쉘

나는 기술자(기사)입니다.
Jsem inženýr.
이셈 인줴니르

나는 사무원입니다.
Jsem úředník.
이셈 우르제드니끄

어디에서 일하십니까?
Kde pracujete?
그데 쁘라쭈예떼

나는 사무실에서 일하고 있습니다.
Pracuju v kanceláři.
쁘라쮸유 프 깐쩰라르지

당신의 수입은 어느 정도입니까?
Jaký máte plat?
야끼 마떼 쁠라뜨

당신 나라의 평균 임금은 어느 정도입니까?
Jaké jsou u vás průměrné výdělky?
야께 쏘우 우 와스 쁘루므녜르네 위젤 끼

최저 임금은?
Jaký je nejnižší plat?
야끼 예 네이니쉬 쁠라뜨

직업

16. 가족

가족

가족은 몇 명입니까?
Kolik je vás v rodině?
꼴리끄 예 와스 브로디녜

전부 5인입니다.
Je nás pět.
예 나스 뻬뜨

부모님과 형, 여동생과 나입니다.
Rodiče, bratr, sestra a já.
로디체, 브라뜨르, 쎄스뜨라 아 야

형제(자매) 는 있습니까?
Máte sourozence?
마떼 소우로젠쩨

형제(자매) 는 몇 사람입니까?
Kolik máte sourozenců?
꼴리끄 마떼 쏘우로젠쭈

남자는 몇 사람입니까?
Kolik máte bratrů?
꼴리끄 마떼 브라뜨루

자매는 몇 사람입니까?
Kolik máte sester?
꼴리끄 마떼 쎄스뜨르

형제는 두 사람, 자매는 한 사람입니다.
Mám dva bratry a jednu sestru.
맘 드 브라뜨리 아 예드누 쎄스뜨루

가족

프라하 가정 야나 비쇼포바 교수댁

17. 연령

무례한 질문이지만, 당신은 몇 살입니까?
Nezlobte se, že se tak drze ptám.
네즐로쁘떼 쎄, 줴 쎄 따끄 드르제 쁘땀.

Kolik je vám let?
꼴리끄 예 왐 레뜨

너는 몇 살이니?
Kolik je ti let?
꼴리끄 예 띠 레뜨

20세입니다.
Je mi dvacet.
예 미 드와쩨뜨

이제 곧 40세가 됩니다.
Bude mi brzo čtyřicet.
부데 미 브르조 츠띠르지쩨뜨

당신은 몇 년생입니까?
V kterém roce jste se narodil(a)?
프끄떼렘 로쩨 스떼 쎄 나로딜(라)

나는 1945년에 태어났습니다.

Narodil(a) jsem se v čtyřicátém

나로질(라) 셈 세 프츠띠르지짜뗌

pátém roce.

빠뗌 로쩨

체코 프라하 선술집

18. 결혼

(남성에게) 당신은 결혼 하셨습니까?
Jste ženatý?
이스떼 줴나띠

예, 결혼 했습니다.
Ano, jsem ženatý.
아노, 셈 줴나띠

예, 벌써 10년이 되었습니다.
Ano, už deset let.
아노, 우쉬 데쎄뜨 레뜨

아니오, 결혼하지 않았습니다.
Ne, nejsem ženatý.
네, 네이셈 줴나띠

가족이 있습니까?
Máte rodinu?
마떼 로디누

당신은 혼자입니까?
Jste svobodný?
이스떼 스워보드니

예, 혼자입니다.
Ano, jsem svobodný.
아노, 셈 스워보드니

(여성에게) 당신은 결혼했습니까?
Jste vdaná?
스떼 브다나

예, 결혼했습니다.
Ano, jsem vdaná.
아노, 셈 브다나

아니오, 미혼입니다.
Ne, jsem svobodná.
네, 셈 스워보드나

Tip

체코에서는 시청에서 결혼식을 하는 것이, 법률상의 절차로 되어 있다. 본인 외에 두 명의 입회인 svědek이 필요하며 교회에서 식을 하는 사람도 있다. 피로연 파티는 아주가까운 친지나 친구들을 초대해서 보통 레스토랑이나 집에서 간략하게 한다. 자동차에 흰 리본이 걸려있으면 결혼식이 있는 집이라고 생각하면 된다. 구시가지 광장 Staroměstské naměstí의 시청 radnice에서는 자주 결혼식이 행해지므로, 운이 좋으면 순백의 신부를 볼 수 있을 것이다.

19. 성격, 대인 관계

저 두 사람은 사이가 좋습니다.
Oni dva spolu dobře vycházejí.
오니 드와 스뽈루 도브르제 위하제이

그들은 사이가 좋지 않습니다.
Mezi nimi nejsou dobré vztahy.
메지 니미 니이쏘우 도브레 프스따히

우리 부부 사이는 원만합니다.
Naše manželství je šťastné.
나쉐 만스뜨위 예 슈라 스뜨네

나는 그녀를 좋아합니다.
Mám ji rád.
맘 이 라뜨

나는 그녀를 사랑하고 있습니다.
Miluju ji.
밀루유 이

나는 너를 사랑해.
Miluju tě .
밀루유 쩨

그는(그녀에게) 사랑에 빠져 있습니다.
On je do ní zamilovaný.
온 예 도니 자 밀로와니

그는(그녀에게) 불행하게도 사랑에 빠져있습니다.
On je do ní nešťastně zamilovaný.
온 예 도 니 네슈짜스뜨네 자밀로와니

그는 그녀에게 실연당했습니다.
Ona ho nechala.
오나 호 네할라

그(그녀)는 나를 증오하고 있는 것 같습니다.
Zdá se mi, že mě nenávidí.
즈다 쎄 미, 줴 므녜 네나위뒤

프라하 선술집 전경

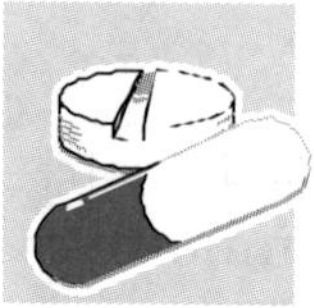

20. 건강과 진료

건강 상태

건강합니까?
Jak se vám daří?
야끄 쎄 왐 다르지

살이 찌셨군요.
Přibral(a) jste.
쁘르지브랄(라) 스떼

조금 여위었군요.
Trochu jste zhubl(a).
뜨로후 스떼 즈후블(라)

건강한 것 같군요.
Vypadáte dobře.
위빠다떼 도브르제

얼굴 색이 나쁘군요.
Nevypadáte dobře.
네위빠다떼 도브르제

얼굴이 창백하군요.
Jste bledý(-dá).
이스때 블레디(-다)

어떻게 된 것입니까?
Co je vám?
쪼 예 왐

나는 피곤합니다.
Jsem unavený(-ná).
이 우나웨니(-나)

몸이 좋지 않습니다.
Je mi špatně.
예 미 슈빠뜨녜

열이 있을지도 모르겠습니다.
Asi mám horečku.
아씨 맘 호레츠꾸

감기에 걸렸습니다.
Nachladil(a) jsem se.
나훌라딜(라) 셈 쎄

진찰

어떻습니까?
Co vám chybí?
쪼 왐 히비

어디가 아픕니까?
Kde vás to bolí?
그데 와스 또 볼리

여기가 아픕니다.
Tady to bolí.
따디 또 볼리

여기가 찌르는 것 같이 아픕니다.
Tady to píchá.
따디 또 삐하

여기가 묵직하게 아픕니다.
Tady to bolí tupě .
따디 또 볼리 뚜

두통이 있습니다.
Bolí mě hlava.
볼리 므녜 흘라와

가슴이 아픕니다.
Bolí mě na prsou.
볼리 므녜 나 쁘르쏘우

현기증이 납니다.
Mám závrať.
맘 자브라뛰

기침이 납니다.
Mám kašel.
맘 까쉘

위가 아픕니다.
Boli mě žaludek.
볼리 므녜 잘루뜨꾸

열이 있습니다.
Mám horečku.
맘 호레츠꾸

외과

손에 상처를 입었습니다.
Poranil(a) jsem si ruku.
뽀라닐(라) 셈 씨 루꾸

손에 화상을 입었습니다.
Spálil(a) jsem si ruku.
스빨릴(라) 셈 씨 루꾸

팔이 부러 졌습니다.
Zlomil(a) jsem si ruku.
즐로밀(라) 셈 씨 루꾸

심하게 출혈하고 있습니다.
Hodně to krvácí.
호드녜 또 끄르와찌

당신의 혈액형은 무엇입니까?
Jakou máte krevní skupinu?
야꼬우 마떼 끄레브늬 스꾸삐누

안과, 이비인후과

눈이 따끔거립니다.
Pálí mě oči.
빨리 므녜 오치

눈에 뭔가가 들어갔습니다.
Něco mi spadlo do oka.
녜쪼 미 스빠들로 도 오까

눈이 충혈되었습니다.
Mám podlité oči.
맘 뽀들리떼 오치

나는 근시입니다.
Jsem krátkozraký(-ká).
이셈 끄라뜨꼬즈라끼(-까)

나는 원시입니다.
Jsem dalekozraký(-ká).
이셈 달레꼬즈라끼(-까)

귀가 잘 들리지 않습니다.
Neslyším dobře.
네슬리쉼 도브르제

치과

이가 굉장히 아픕니다.
Hrozně mě bolí zub.
흐로즈녜 므녜 볼리 주쁘

어느 이가 아픕니까?
Který zub vás bolí?
끄때리 주쁘 와스 볼리

충치가 생겼습니다.
Máte zkažený zub.
마떼 스까줴니 주쁘

산부인과

당신은 임신했습니다.
Jste těhotná.
이스떼 쩨호뜨나

당신은 임신 3개월입니다.
Jste ve třetím měsíci těhotenství.
이스떼 웨드르제띔 므녜씨찌 쩨호뗀스뜨위

출산 예정일은 5월 10일입니다.
Datum porodu je 10. května.
다뚬 뽀로두 예 데싸떼호 끄웨뜨나

태어난 아이가 남아입니까, 여아입니까?
Narodil se kluk nebo holka?
나로딜 쎄 끌루끄 네보 홀까

그는 어느 병원에 입원하고 있는 것입니까?
V které nemocnici leží?
프 끄떼레 네모쯔니찌 레쥐

그녀는 무슨 과에 입원하고 있습니까?
Na kterém oddělení je?
나 끄떼렘 오드예젤레뉘

면회 시간은 몇 시부터 몇 시까지입니까?
Kdy jsou návštěvní hodiny?
그디 쏘우 나프슈미쩨브니 호디니

병문안 할 때는 보통 무엇을 가지고 갑니까?
Co se obvykle přináší nemocnému?
쪼 쎄 오브위끌레 쁘르지나씨 네모쯔네무

환자의 상태는 어떻습니까?
Jaký je stav pacienta?
야끼 예 스따프 빠찌엔따

(그는) 의식이 없습니다.
Je v bezvědomí.
예 브베즈예도미

(그는) 위험한 상태에 빠졌습니다.
Je v kritickém stavu.
예 프끄리띠쯔껨 스따부

이 처방 대로 약을 조제해 주십시오.
Prosím, připravte mi lék podle
쁘로씸, 쁘르지쁘라프떼 미 레끄 뽀들레

tohoto receptu.
또호또 레쩨쁘뚜

이 약을 사고 싶습니다.
Chtěl(a) bych ten lék.
흐쩰(라) 비흐 뗀 레끄

두통약이 필요합니다.
Chtěl(a) bych nějaký lék proti
흐쩰(라) 비흐 녜야끼 레끄 쁘로띠

bolení hlavy.
볼레뉘 흘라뷔

유행성 감기약이 필요합니다.
Chtěl(a) bych nějaký lék proti
흐쩰(라) 비흐 녜야끼 레끄 쁘로띠

chřipce.
흐르지쁘쩨

1일 3회, 매 식후에 1봉지씩 드십시오.
Budete brát třikrát denně jednu
부데떼 브라뜨 뜨르지끄라뜨 덴녜 예드누

dávku po jídle.
다프꾸 뽀이들레

21. 주거

당신은 어디에 살고 있습니까?
Kde bydlíte?
그데 비들리떼

자택입니까, 그렇지 않으면 세들어 삽니까?
Bydlíte ve vlastním domě nebo v činžovním domě ?
비들리떼 웨 블라스뜨뉨 도므녜 네보 브 친죠브뉨 도므녜

집세를 얼마나 내고 있습니까?
Kolik platíte nájemného?
꼴리끄 쁠라뛰떼 나옘네호

당신은 몇 층에 살고 계십니까?
V kterém patře bydlíte?
프끄떼렘 빠뜨르지 비들리떼

엘리베이터는 있습니까?
Je tam výtah?
예 땀 위따흐

당신이 사는 데는 어떻습니까?
Jaký máte byt?
야끼 마떼 비뜨

방이 몇 개 있습니까?
Kolik máte místností?
꼴리끄 마떼 미스뜨노스뛰

세를 놓을 방이 있습니까?
Máte pokoj k pronajmutí?
마떼 뽀꼬이 끄 쁘로나이무뛰

가구가 붙어 있습니까?
Je to pokoj s nábytkem?
예 또 뽀꼬이 스 나비뜨껨

한 달 집세는 얼마입니까?
Jaké je měsíční nájemné?
야께 예 므녜시츠뉘 나옘네

방을 보여 주시겠습니까?
Můžu se podívat na ten pokoj?
무쥬 쎄 뽀뒤와뜨 나 뗀 뽀꼬이

22. 복장

일반,복장

그녀는 정말 멋있는 복장을 하고 있다.
Ona je moc pěkně oblečená.
오나 예 모쯔 뻬끄녜 오블레체나

멋있는 스웨터군요.
Máte hezký svetr.
마떼 헤스끼 스웨뜨르

그는 옷 입는데 재치있다.
On má dobrý vkus.
온 마 도브리 프꾸스

이 원피스가 나에게 어울립니까?
Tyhle šaty mi sluší?
띠홀레 샤띠 미 슬루쉬

그것은 당신에게 정말 어울립니다.
Moc vám to sluší.
모쯔 왐 또 슬루쉬

밖이 추워서 스웨터를 입는 편이 좋습니다.
Venku je zima, vezměte si raději svetr.
웬꾸 예 지마, 웨즈므녜떼 씨 라데이 스웨뜨르

양복점, 양품점, 바느질집

나에게 맞는 코트가 있습니까?
Máte kabát v mé velikosti?
마떼 까바뜨 브메 웰리꼬스띠

39사이즈의 흰 와이셔츠를 보여 주시오.
Můžete mi ukázat bílou košili
무줴떼 미 우까자뜨 빌로우 꼬쉴리,
velikost 39?
웰리꼬스뜨 뜨르지째뜨데베뜨

이것을 입어 보아도 좋습니까?
Můžu si to zkusit?
무쥬 씨 또 스꾸씨뜨

이것은 몸에 맞지 않습니다.
To mi nějak nepadne.
또 미 녜야끄 네빠드네

구두, 가죽

크기 26의 검은 구두를 원합니다.
Chtěl(a) bych černé boty, číslo 26.
흐쩰(라) 비흐 체르네 보띠, 취슬로 드와째뜨 세스뜨

이 방한화를 신어보고 싶습니다.
Chtěl(a) bych si zkusit tyhle
호쩰(라) 비흐 씨 스꾸씨뜨 띠흘레
zimní boty.
짐뉘 보띠

이것과 같은 형으로 더 작은 것은 없습니까?
Máte tyhle boty v menším čísle?
마떼 띠흘레 보띠 브멘쉼 취슬레

이것은 나에게 딱 맞습니다.
Jsou mi akorát.
이쏘우 미 아꼬라뜨

갑갑합니다.
Jsou mi moc úzké.
이쏘우 미 모쯔 우스께

이 구두는 맞습니다.
Tyhle boty mě tlačí.
띠흘레 보띠 므녜 뜰라취

시계

그 시계는 어떤 시계입니까?
Jaké jsou to hodiny?
야께 쏘우 또 호뒤니

스위스제 샤갈입니다.
To jsou švýcarské Chagal hodiny.
또 쏘우 슈위짜르스께 샤갈 호뒤니

스위스제 남성용 손목 시계가 있습니까?
Máte švýcarské pánské
마떼 슈위짜르스께 빤스께
náramkové hodinky?
나람꼬웨 호딘끼

여성용 시계 줄을 보여 주십시오.
Můžete mi ukázat pásek na
무줴떼 미 우까자뜨 빠쎄끄 나
dámské hodinky?
담스께 호딘끼

그것은 순금입니까?
Je to čisté zlato?
예 또 취스떼 즐라또

아니오, 금도금입니다.
Ne, je to pozlacené.
네, 예 또 뽀즐라쩨네

시계가 고장 났습니다.
Hodinky jsou pokažené.
호딘끼 쏘우 뽀까줴네

시계가 멈추었습니다.
Hodinky se zastavily.
호딘끼 쎄 자스따윌리

이 시계를 조사해 주시오.
Můžete to prohlédnout.
무줴떼 또 쁘로흘레드노우뜨

복장

안경

렌즈가 깨져서 바꾸었으면 합니다만.
Rozbilo se mi sklo. Můžete mi dát nové
로즈빌로 쎄 미 스끌로. 무줴떼 미 다뜨 노웨

테가 부러졌습니다만.
Zlomily se mi obroučky.
즐로밀리 쎄 미 오브로우츠끼

빨리 고쳐 주시겠습니까?
Můžete mi to rychle opravit?
무줴떼 미 또 리흘레 오쁘라위뜨

선글라스를 진한 것으로 보여 주시오.
Můžete mi ukázat nějaké tmavé brýle proti slunci?
무줴떼 미 우까자뜨 녜야께 뜨마웨 브릴레 쁘로뛰 술룬찌

세탁

클리닝을 해야할 것이 있습니다.
Chtěl(a) bych dát něco vyčistit.
흐쪨(라) 비흐 다뜨 녜쪼 위치스띠뜨

빨리 부탁합니다.
Expres, prosím.
에끄쓰쁘레스, 쁘로씸

복장

와이셔츠 클리닝은 얼마나 걸립니까?
Jak dlouho trvá vyprání košile?
약 돌로우호 뜨르와 위쁘라뉘 꼬쉴레

이발소

나는 머리가 너무 길다. 이발하러 가야 한다.
Mám už dlouhé vlasy. Musím jít k holiči.
맘 우쉬 돌로우헤 블라씨. 무씸 이뜨 끄 홀리취

근처에 이발소가 있습니까?
Je někde blízko holičství?
예 녜그데 블리스꼬 홀리츠스뜨위

이 호텔 안에 있습니다.
Je v tomto hotelu.
예 프지 또 홀뗄루

자르고 싶습니다.
Chtěl(a) bych ostříhat.
흐쩰(라) 비흐 오스뜨르지하뜨

이발과 면도를 부탁합니다.
Oholit a ostříhat, prosím.
오홀리뜨 아 오스뜨르지하뜨, 쁘로씸.

조금만 깎아 주십시오.
Jen přistřihnout, prosím.
옌 쁘르지스뜨르지흐노우뜨, 쁘로씸

복장

좋은 미장원을 아십니까?
Neznáte nějakého dobrého kadeřníka?
네즈나떼 녜야께호 도브레호 까데르지뉘까

예약하지 않으면 안됩니까?
Musím se objednat?
무씸 쎄 오브예드나뜨

샴푸와 커트를 부탁합니다.
Prosím umýt a ostříhat.
쁘로씸 우미뜨 아 오스뜨르지하뜨

샴푸, 컬(고수 머리)을 부탁합니다.
Prosím umýt a natočit.
쁘로씸 우미뜨 아 나또취뜨

머리 손질을 부탁합니다.
Vodovou ondulaci, prosím.
워도워우 온둘라찌, 쁘로씸

머리를 염색하고 싶습니다.
Chtěl(a) bych obarvit.
흐쩰(라) 비흐 오바르위뜨

어떤 색으로 염색합니까?
Jakou barvu chcete?
야꼬우 바르부 흐쩨떼

이 색이 괜찮겠습니까?
Může to být tahle barva?
무줴 또 비뜨 따홀레 바르와

프라하 구시가지 골목의 건축물(전형적인 르네상스 양식)
이곳은 현재 체코 크리스탈 상점으로 유명

23. 문화예술

연극, 오페라

공연 프로그램이 있습니까?
Máte přehled kulturních programů?
마떼 쁘르제흘레뜨 꿀뚜르뉘흐 쁘로그라무

지금 어떤 재미있는 연극을 하고 있습니까?
Hrají teď něco dobrého v divadle?
흐라이 떼뛰 녜쪼 도브레호 브 뒤와들레

무엇을 상연하고 있습니까?
Co se teď hraje?
쪼 쎄 떼뛰 흐라예

오늘 저녁 극장에서 무엇을 상연합니까?
Co dnes večer hrajou v divadle?
쪼 드네스 웨체르 흐라요우 브 뒤와들레

민족 극장에서 「돈 지오반니」를 하고 있습니다.
V Národním divadle se hraje
브 나로드뉨 뒤와들레 쎄 흐라예
"Don Giovanni".
돈 지오와늬

공연은 언제 시작됩니까?
Kdy začíná představení?
그디 자취나 쁘르제 스따웨늬

티켓은 어디서 살 수 있습니까?
Kde si můžu koupit lístky?
그데 씨 무쥬 꼬우삐뜨 리스뜨끼

티켓은 간단하게 구할 수 있습니다.
Dají se snadno koupit lístky.
다이 쎄 스나드노 꼬우삐뜨 리스뜨끼

전화로 티켓 예약을 할 수 있습니까?
Můžou se zajistit lístky
무죠우 쎄 자이스띠뜨 리스뜨끼
telefonicky?
뗄레포늬쯔끼

Tip

민족 극장 Národní divadlo에서는 연극이나 오페라가 공연된다. 체코는 연극을 좋아하는 나라이다. 원래 연극에는 체코의 독일화를 막고, 체코어를 지키려고 하는 민족주의 운동과 관계가 있다. 고전적인 연극 외에 근대적인 실험극장이나 판토마임도 있지만, 특히 유명한 것은 인형극 loutkové divadlo로 어린이 뿐만 아니라 어른들도 즐길 수 있다. 극작가로 유명한 사람은 카렐 차펙 Karel Čapek으로, 그의 「로봇」R.U.R.이나 「곤충의 생활」Ze života hmyzu이 자주 공연되고 있다. 로봇(robot)이라는 단어는 이 희곡이 세계적으로 공연되면서 유행하기 시작했는데 체코어 로보타(robota:중노동이라는뜻)에서 유래되었다. 벨벳 혁명 후에 등장한 체코 대통령 바츨라프 하벨 Václav Havel(1936~)도 유명한 부조리 극작가이다.

영화

어떤 영화를 하고 있습니까?

Dávají nějaké dobré filmy?

다와이 네야께 도브레 필미

SF영화를 좋아합니다.

Mám rád(a) vědeckofantastické filmy.

맘 라뜨 (라다) 베데쯔꼬판따스띠쯔께 필미

전쟁 영화는 싫어합니다.

Nemám rád(a) válečné filmy.

네맘 라뜨(라다) 발레츠네 필미

몇 시에 보러 갈까요?

Na kolik hodin půjdeme?

나 꼴리끄 호딘 뿌이데메

체코 프라하에서 가장 유명한 국립 인형극장 공연 포스터

Tip

체코에서는 영화가 특히 인기가 있다. 프라하에 있는 수 많은 영화관은 언제나 사람들이 줄을 지어 있다. 프라하가 배경으로 나오는「아마데우스」,「학교의 집 위에」, 「뻐꾸기 둥지위로 날아간 새」의 밀로쉬 포르만 Miloš Forman, 「이어진 종다리」「스위트 스위트 마을」의 이르지 멘젤 Jiři Menzel 등의 감독들은 프라하 영화. 예술대학(FAMU) 영화과 출신들이다. 프라하는 세계인 영화 제작자들의 사랑을 받는 도시이다. 체코의 작가 쿤데라도 프라하 영화. 예술대학(FAMU)에서 오랫동안 가르쳤고 체코가 자랑하는 가장 위대한 영화감독 밀로쉬 포르만도, "아빠는 출장중"과 "언더그라운드"로 잘 알려진 유고 태생의 세계적인 감독 쿠스트리차도 이곳에서 영화 수업을 했다. "미션 임파서블"과 "트레플 엑스"의 여러 장면을 프라하 특히 카렐 다리를 비롯 해서 프라하에서 촬영한 것은 잘 알려진 사실이다. 2001년 3-4월에는 브루스 윌리스(Bruce Willis)와 데미 무어(Demi Moore) 이곳에서 새 영화를 촬영했다. 밀로쉬 포르만(Miloš Forman)은 1932년 체코 차슬라프(Čáslav)에서 태어났다. 그의 초기 영화 "Casting Call"(1963), "흑인 페트르"(1963), "블론디의 사랑들"(1965) 등은 체코 관객들을 사로잡았다. 이 당시의 체코 영화는 "체코 신 필름 운동"이라고 불린다. 1968년 소위 "프라하의 봄"의 좌절 후 그는 미국으로 건너가서 그의 걸작들, "Taking off"(1971), 아카데미 최고 영화상 "뻐꾸기 둥지위로 날아간 새"(1975), 뮤지컬 "머리(Hair, 1979), E. L. Doctorow 소설에 기반을 둔 "Ragitme"(1981), 페트르 세퍼 Petr Shaffer의 작품에 기반을 둔 아마도 그의 대표작이고 전세계 영화팬들의 사랑을 받은 "아마데우스"(1984) 등을 제작했다. 아마데우스는 지금도 연극으로 자주 프라하에서 공연된다. 그는 2002년 이 영화의 신판 "아마데아"를 새로 내놓았다. 아마데우스의 많은 장면들이 프라하에서 촬영되었다. 첫 시작의 몇 장면들은 카를린에 있는 인발리도브나 회관에서 촬영되었고, 여러 번 나오는 궁정 장면들은 왈렌스테인 궁전의 리티르스키 홀과 흐라트찬 광장에 있는 추기경 궁전에서 촬영되었다. 또 스트라호프 수도원이 있는 스트라호프광장에서도 많은 장면을 촬영했다. 꼬마모차르트의 지휘 장면들은 프라하 카렐 대학 정면에 있는 "돈 죠반니"를 초연했던 스타보프 극장에서 촬영되었고, 마지막 부분의 장면들은 흐라트찬에 있는 작가 이르지 무하(유명한 화가 알폰스 무하의 아들)의 집에서 촬영되었다. 체코 영화의 전통은 유럽에서 프랑스와 더불어 가장 오래된 전통을 가지고 있다. 벌써 19세기말부터 실험 영화 등을 제작하기 시작했다. 체코의 할리우드라고 하는 바란도프(Barrandov) 스튜디오가 설립된 1930-40년대에 영화 산업이 번창하기 시작했다. 구스타프 마하티(Gustav Machaty)는 체코의 초현실주의 시인 네즈발의 작품에 기반을 둔 "에로티콘"(1929)과 헨리 밀러의 작품 "막스와 화이트 파고사이츠(Max and White Phagocites)"를 반영한 "엑스타세(Extase)"(1935) 등 고전적인 에로틱 드라마를 제작함으로서 영화 발전에 큰 공헌했다. 이 영화는 커다란 스캔들을 불러일으켰지만

1934년 베네치아 영화 축제에서 상을 받았다. 1960년대 '체코 신 필름 운동' 이라는 영화의 새로운 붐을 일으킨 감독들은 포르만 외에도 헤르츠(J. Herz), 초현실주의 영화를 제작한 여류 감독 히틸로바(V.Chytilová), 크룸바호바(E. Krumbachová), 이레쉬(J. Jireš), 멘젤(J. Menzel), 네메쯔(J. Ně mec), 파세르(I. Passer), 쇼름(E. Schorm), 블라칠(F. Vláčil) 등이 있다. 히틸로바의 초현실주의 영화(데이지꽃) 는 유럽에서도 인정받고 있다.

음악,콘서트

당신은 어떤 악기를 연주합니까?
Hrajete na nějaký hudební nástroj?
흐라예데 나 녜야끼 후데브위 나스뜨로이

바이올린을 조금 합니다만 서툽니다.
Hraju na housle, ale ne moc dobře.
흐라유 나 호우슬레, 알레 네 모쯔 도브르제

당신은 어떤 음악을 좋아합니까, 클래식입니까?
Jakou hudbu máte rád(a)?
야꼬우 흐드부 마떼 라뜨(라다)

Vážnou hudbu?
와쥐노우 흐드부

물론 클래식을 좋아합니다만,
대중 음악이나 재즈도 자주 듣습니다.
Vážnou hudbu mám samozřejmě
와쥐노우 흐드부 맘 사 모즈르제이므녜
rád(a), ale také často poslouchám
라뜨(라다) 알레 따게 차스또 뽀슬로우함
populární a džezovou hudbu.
뽀뿔라르뉘 아 줴조워우 후두부

당신은 어떤 작곡가를 제일 좋아합니까?
Kdo je váš nejoblíbenější skladatel?
그도 예 와쉬 네이오블리베녜이 쉬스끌라다뗄

지금 체코에서는 어떤 노래가 유행하고 있습니까?
Jaké písně jsou teď oblíbené v
야 께 삐스녜 쏘우 떼뛰 오블리베녜
Česku?
프체스꾸

한국에서 많이 알려진 체코 작곡가는 안토닌 드보르작입니다.
Nejznámější český skladatel v
네이즈나므녜이쉬 체스끼 스끌라다뗄
Jižní Koreji je Antonín Dvořák.
브이쥐뉘 예 안또뉜 드보르자끄

누가 연주하는 것입니까?
Kdo hraje?
그도 흐라예

지휘자는 누구입니까?

Kdo diriguje?

그도 디리구예

Tip

Co Čech, to muzikant.「체코인이라면, 음악가다」라는 말이 있을 만큼, 체코인은 음악을 좋아하며 음악적 재능이 있다는 것을 나타내고 있는 말이다. 체코에서 태어난 작곡가 안토닌 드보르작 Antonín Dvořák, 베드르지흐 스메타나 Bedřich Smetana, 야나첵Janáček과 보후슬라프 마르티누 Bohuslav Martinů의 음악은 세계적으로 유명하다. 지휘자인 바츨라프 노이만 Václav Neuman의 이름도 알려져 있다. 체코는 또 민요가 풍부한 것으로 유명한데, 체코의 춤「폴카」polka(원뜻은《폴란드의 여자》)를 모르는 사람은 없을 것이다.「프라하의 봄」Pražské jaro이라고 불리는 국제 음악제가 프라하에서 5월에 개최는 전세계 음악애호가들의 사랑을 받는 음악축제이다. 모차르트는 프라하에서 음악적 성공을 거두어 프라하에 한때 살면서 오페라 돈죠반니를 작곡하여 초연하였다. 프라하 시내는 하루도 빠짐없이 그의 음악을 연주하는 음악회가 열린다. 2004은 드모르작 서거 백주년을 기념하여 "체코 음악의 해"를 선포하고 프라하를 비롯하여 체코전국에 서 그의 기념 음악회를 연다.

오늘 밤 댄스 파티에 춤추러 갑시다.
Půjdeme si zatančit dnes večer na ples?
뿌이데메 씨 자딴치뜨 드네스 웨체르 나 쁠레스

어디서 춤출 수 있는데요?
Kde se dá tančit?
그데 쎄 다 딴치뜨

학생 클럽에서요.
Ve studentské klubovně .
웨 스뚜덴뜨스께 끌루보브네

댄스 홀에서요.
V tanečním sálu.
프 따네츠님 쌀루

춤을 추시겠습니까?
Smím prosit?
스밈 쁘로씨뜨

미안해요, 안 추겠습니다.
Promiňte, netančím.
쁘로미뉘떼, 네딴칌

미안합니다. 상대가 있습니다.
Promiňte, jsem už zadaná.
쁘로미뉘떼, 셈 우쉬 자다나

지금 어떤 흥미 있는 전시회를 하고 있습니까?
Jsou teď nějaké zajímavé výstavy?
이쏘우 떼뛰 녜야께 자이마웨 위스따위

당신이 좋아하는 화가는 누구입니까?
Které malíře máte rád(a)?
끄떼레 말리루제 마떼 라뜨(라다)

이 그림은 누구의 작품입니까?
Kdo maloval tenhle obraz?
그도 말로왈 뗀흘레 오브라스

Tip

미술관은 국립 미술관 Národní galerie이 유명하다. 국립 미술관은 프라하에만도 여러 곳이 있고, 부문별로 되어 있다. 본관이 프라하 성 근처에 있으므로, 성을 구경하러 갈 때 한번 가보는 것도 괜찮을 것이다. 박물관 역시 국립 박물관 Národní muzeum이 유명하며 바츨라프 광장 위쪽에 있다. 그 외에 카렐 대학교 철학부와 나란히 음악당 드보르작 홀(예술가의 집)의 대각선 맞은 편에 인접한 공예 박물관 Uměleckoprůmyslové muzeum이 있다. 여기에서는 유리, 크리스탈 세공품은 비롯하여 여러가지 멋있는 공예품의 여러 가지를 볼 수 있다

독서,서점,출판

당신은 독서를 좋아합니까?
Čtete rád(a) knihy?
츠떼떼 라뜨(라다) 끄니히

이 책을 빌려 주시겠습니까?
Můžete mi půjčit tuto knihu?
무줴떼 미 뿌이치뜨 뚜또 끄니후

그것은 어떤 소설입니까?
Jaký je to román?
야끼 예 또 로만

라디오,텔레비젼

그 라디오는 몇 개의 주파수를 가지고 있습니까?
Kolik pásem má to rádio?
꼴리끄 빠셈 마 또 라디요

(전파가) 깨끗합니까?
Dá se to dobře chytit?
다 쎄 또 도브르제 히띠뜨

단파 방송은 잘 들립니까?
Je dobře slyšet krátké vlny?
예 도브르제 슬리쉐뜨 끄라뜨께 블니

이 라디오에는 어떤 외국 방송이 들어옵니까?
Jaké cizí vysílání se dá chytit na
야께 찌지 위씰라뉘 쎄 다 히띠뜨 나
to rádio?
또 라디오

문화예술

텔레비전 채널은 몇 개 있습니까?
Kolik je kanálů v televizi?
꼴리끄 예 까날루 프뗄레위지

체코의 텔레비전은 채널이 4개입니다.
V Česku jsou čtyři kanály.
프체스꾸 쏘우 츠띠르지 까날리

Tip

프라하에는 서점이 많이 있다. 특히 프라하의 중앙에 위치한 바츨라프 광장 Václavské náměstí 둘레에 많다. 구텐베르크의 인쇄술의 발명 이후에 들어온 인쇄물의 전통이 이어져 오고 있으며 그 역사는 스트라호프 Strahov에 있는 국립 문학 박물관 Památník národního písemnictví에서 찾을 수 있다
1989년 이후 급증하는 여행객의 요구를 초록시키기 위하여 Big Ben 등 영어책 전문서적이 늘어나는 추세이다.

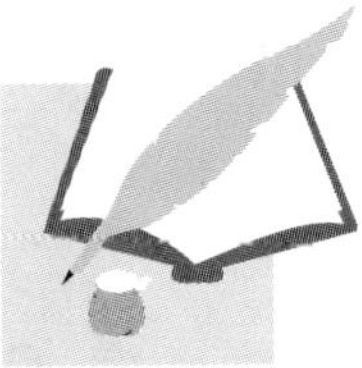

24. 교육, 학교

체코의 교육제도는 유치원이 3~5세, 우리의 초등학교, 중학교에 해당하는 9년간의 기초 학교(ZŠ)가 6~14세로 의무교육이다. 일반 고등학교(SŠ)는 15~18세의 4년간이다. 대학은 이른바 종합 대학교 univerzita와 단과 대학 vysoká škola, 예술 관계의 아카데미 akademie가 있고, 대학의 교육기간은 4~6년이 된다. 카렐대학교 Karlova univerzita는 1348년에 카렐 4세가 창설한 대학으로 중부및 동부 유럽에서 가장 오래된 대학이다.

교육일반

어떤 학교에 다니고 있습니까?
Do které školy chodíš?
도 끄떼레 슈꼴리 호뒤쉬

당신의 자녀들은 어떤 학교에 다니고 있습니까?
Do jaké školy chodí vaše děti?
도 야께 슈꼴리 호뒤 와세 데띠

아들은 초등학교, 딸은 고등학교에 다니고 있습니다.
Syn chodí na základní školu,
씬 호뒤 나 자끄라드뉘 슈꼴루,
dcera na střední školu.
드쩨라 나 스뜨르제드뉘 슈꼴루

당신 아들은 초등학교 몇 학년입니까?
V kterém ročníku základní školy
프끄떼렘 로츠뉘꾸 자끌라드뉘 슈꼴리
je váš syn?
예 와쥐 씬

아직 유치원생입니다.
Moje dítě chodí ještě do školky.
모예 뒤쩨 호뒤 예슈쩨 도 쉬꼴끼

체코의 교육 제도는 어떻게 되어 있습니까?
Jaký je systém školství v Česku?
야끼 예 씨스뗌 슈꼴스뜨위 프체스꾸

의무 교육은 몇 년입니까?
Kolik let trvá povinná školní
꼴리끄 레뜨 뜨르와 뽀위나 슈꼴뉘
docházka?
도하스까

새 학년은 몇 월에 시작됩니까?
Kdy začíná školní rok?
그디 자취나 슈꼴뉘 로끄

새 학년은 9월에 시작됩니다.
Školní rok začíná v září.
슈꼴뉘 로끄 자취나 브자르지

수업료는 얼마입니까?
Kolik se platí za školní vzdělání?
꼴리끄 쎄 쁠라뛰 자 슈꼴젤 브즈뉘라뉘

교육, 학교

체코의 교육은 무료입니다.
Školné se v Česku neplatí.
슈꼴네 쎄 프 체스꾸 네쁠라뛰

대학

당신은 무엇을 배웁니까?
Co studujete?
쪼 스뚜두예떼

당신은 어느 학부에 다닙니까?
Na kterou fakultu chodíte?
나 끄떼로우 파꿀뚜 호뒤떼

나는 법률을 배우고 있습니다.
Studuju právo.
스뚜두유 쁘라워

나는 인문학부(철학부) 2학년입니다.
Jsem v druhém ročníku
이셈 브드루헴 로츠뉘꾸
filozofické fakulty.
필로조피쯔께 화꿀띠

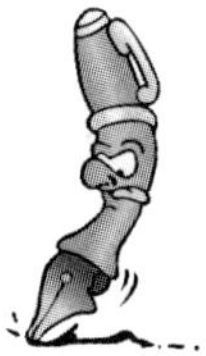

교육, 학교

유학생

외국인 학생이 이 대학에 있습니까?
Studují na této vysoké škole
스뚜두이 나 떼또 위쏘께 슈꼴레
zahraniční studenti?
자흐라니츠뉘 스뚜덴띠

한국 학생이 있습니까?
Jsou zde studenti z Koreje?
이쏘우 즈데 스뚜덴띠 스꼬레예

외국인 학생을 위한 체코어 강좌가 있습니까?
Pořádají se kursy češtiny pro
뽀르자다이 쎄 꾸르씨 체슈띠니 쁘로
zahraniční studenty?
자흐라니츠뉘 스뚜덴띠

체코에서 공부를 하고 싶습니다.
Chtěl(a) bych studovat v Česku.
흐쪨 (라) 비흐 스뚜도와뜨 프체스꾸

도서관

대학 도서관은 어디에 있습니까?
Kde je univerzitní knihovna?
그데 예 우니웨르지뜨뉘 끄니호브나

도서관은 누구든지 이용할 수 있습니까?
Může kdokoliv užívat knihovnu?
무제 그도꼴리프 우쥐와뜨 끄니호브누

교육, 학교

책을 빌려 갈 수 있습니까?
Můžu si vypůjčit knihy?
무쥬 씨 위뿌이치뜨 끄니히

그 책은 지금 대출 중입니다.
Ta kniha je teď půjčená.
따 끄니하 예 때뛰 뿌이체나

프라하 카렐 대학교 정문앞에서 여학생들
카렐대학은 알프스 이북 중 중부, 동유럽에
서 제일 먼저 창설된 대학 (1348년 창립)

교육, 학교

25. 스포츠, 레저

스포츠 일반

당신은 스포츠에 관심 있으세요?
Zajímáte se o sport?
자이마떼 쎄 오 스뽀르뜨

어떤 스포츠에 흥미가 있습니까?
O jaký sport máte zájem?
오 야끼 스뽀르뜨 마떼 자옘

나는 축구에 흥미가 있습니다.
Mám zájem o kopanou.
맘 자옘 오 꼬빠노우

스포츠를 하고 있습니까?
Pěstujete nějaký sport?
뻬스뚜예떼 녜야끼 스뽀르뜨

예, 나는 테니스를 잘 합니다.
Ano. Hraju tenis.
아노. 흐라유 떼니스

당신은 테니스를 잘 합니까?
Hrajete dobře tenis?
흐라예떼 도브르제 떼니스

당신은 스키를 탈 줄 압니까?
Umíte lyžovat?
우미떼 리죠와뜨

경기,시합,경기자

당신은 올림픽을 본 일이 있습니까?
Viděl(a) jste někdy olympijské hry?
위뜨(라) 쓰떼 녜그디 올림삐이스께 흐리

다음 올림픽은 그리스에서 합니다.
Příští olympiáda se bude konat v Řecku.
쁘르지슈뛰 올림삐아다 쎄 부데 꼬나뜨 브르제쯔꾸

동계 올림픽은 2월 4일에 시작됩니다.
Zimní olympiáda začíná čtvrtého února.
짐뉘 올림삐아다 자취나 츠뜨브르떼호 우노라

승패, 기록

어느 쪽이 이긴다고 생각합니까?
Kdo myslíte, že vyhraje?
그도 미슬리떼, 줴 위흐라예

우승 후보는 누구입니까?
Kdo je favorit?
그도 예 파워리뜨

체코가 3대 2로 이겼습니다.
Vyhrálo Česko 3:2(tři dva).
위흐랄로 체스꼬 뜨르지 드와

시합은 1대 1로 비겼습니다.
Zápas skončil nerozhodně,
자빠쓰 스꼰칠 네로즈로드녜,
1:1(jedna jedna).
예드나 예드나

그녀는 체코 테니스 챔피언입니다.
Ona je mistryní Česka v tenisu.
오나 예 미스뜨리뉘 체스까 프떼니

해수욕,등산,겨울 스포츠

당신은 수영을 할 수 있습니까?
Umíte plavat?
우미떼 쁠라와뜨

예, 수영을 할 줄 압니다.
Ano, umím.
아노, 우밈

아니오, 전혀 수영을 못합니다.
Ne, vůbec neumím plavat.
네, 우베쯔 네우밈 쁠라와뜨

체코에는 크르코노쉬, 타트라, 슈마바에서 스키를 탈 수 있습니다.
V Česku se dá lyžovat v Krkonoších,
프 체스꼬 슬로웬스꾸 쎄 다 리죠와뜨 프끄르꼬노쉬흐,

v Tatrách a na Šumavě .
프따뜨라흐 아 나 슈마예

스키와 신발을 빌리고 싶습니다.
Chtěl(a) bych si vypůjčit lyže a
흐쩰 (라) 비흐 씨 위뿌이치뜨 리줴 아

boty.
보띠

Tip

체코에서 제일 유명한 스포츠는 테니스다. 비 온 뒤의 대나무 순(체코어의 비가 온 후의 버섯 houby po dešti)같이 이름 있는 선수들을 배출한다. 랜들 Lendl, 코데슈 Kodeš , 메치르슈 Mečíř , 나브라틸로바 Navrátilová, 수코바 Suková 등 끝이 없다. 스위로 이주하여 활약하고 있는 테니스의 별 힝기스(Hingis)의 부모도 모두 체코사람이다. 체코의 여왕 차슬라프스카 Čáslavská, 인간 기관차라고 불리는 마라톤의 자토펙 Zátopek도 있다. 여름에는 축구, 겨울에는 아이스하키, 자전거 경기, 배구, 농구 등의 시합이 열린다.

수렵,낚시

여기에서는 무엇이 잡힙니까?(수렵에서)
Co se tady loví?
쪼 쎄 따디 로위

여기는 무엇이 낚입니까?
Co se tady chytá?
쪼 쎄 따디 히따

먹이는 무엇입니까?
Co je to za návnadu?
쪼 예 또 자 나브나두

여기는 수렵 금지입니다.
Tady je zákaz lovu.
따디 예 자까스 로부

게임,유희

체스(서양 장기)를 할 줄 압니까?
Umíte hrát šachy?
우미떼 흐라뜨 사히

알지만, 잘 못합니다.
Umím, ale nehraju dobře.
우밈, 알레 네흐라유 도브르제

나는 체스할 줄 몰라요. 가르쳐 주시겠습니까?
Neumím hrát šachy. Můžete mě to naučit?
네우밈 흐라뜨 샤히. 무줴떼 므녜 또 나우치뜨

트럼프를 하시겠습니까?
Nezahrajeme si karty?
네자흐라예메 씨 까르띠

카드를 갖고 있습니까?
Máte hrací karty?
마떼 흐라찌 까르띠

브리지의 멤버가 모자랍니다.
Chybí nám jedna osoba na bridž.
히비 남 예드나 오소바 나 브리츠

딜러는 누구입니까?
Kdo rozdává karty?
그도 로즈다와 까르띠

스포츠, 레저

26. 자연

자연

계절

당신은 어떤 계절을 가장 좋아합니까?
Které roční období máte nejraději?
끄떼레 로츠뉘 오브도비 마떼 네이라데이

나는 여름을 가장 좋아합니다.
Mám nejraději léto.
맘 네이라데이 레또

체코에서 가장 아름다운 계절은 언제입니까?
Které období je v Česku nejkrásnější?
끄떼레 오브도비 예 프체스꾸 네이끄라스녜이쉬

봄이라고 생각합니다.
Myslím si, že jaro.
미슬림 씨, 줴 야로

체코는 더워도 한국과 같이 무덥지는 않습니다.
V Česku není tak dusno jako v
프 체스꾸 네뉘 따끄 두스노 야꼬

Koreji, i když je horko.
프꼬레이 이 그디쉬 예 호르꼬

날씨

오늘 날씨는 어떻습니까?
Jak je dnes?
야끄 예 드네스

오늘은 어떤 날씨 입니까?
Jaké je dnes počasí?
야께 예 드네스 뽀차씨

밖은 어떻습니까?
Jak je venku?
야끄 예 웬꾸

멋있는 날씨입니다.
Je nádherně.
예 나드헤르녜

맑습니다.
Je krásně.
예 끄라스녜

따뜻합니다.
Je příjemně teplo.
예 쁘르지옘녜 떼쁠로

자연

자연

구름 한점 없습니다.
Nebe je bez mráčku.
네베 예 베스 므라츠꾸

무덥습니다.
Je dusno; Je parno.
예 두스노 예 빠르노

오늘은 날씨가 나쁩니다.
Dnes je ošklivo.
드네스 예 오슈끌리워

흐립니다.
Je zataženo.
예 자따줴노

우중충한 날씨입니다.
Je vlhko.
예 블흐꼬

비가 내릴 것 같습니다.
Vypadá to na déšť.
위빠다 또 나 데슈뛰

천둥이 칩니다.
Hřmí.
흐르즈미

번개가 칩니다.
Blýská se.
블리스까 쎄

폭풍이 불겠지요.
Přijde bouřka.
쁘르지이데 보우르즈까

바람이 불고 있습니다.
Fouká vítr.
포우까 위뜨르

눈이 내리고 있습니다.
Sněží ; Padá sníh.
스녜쥐 빠다 스니흐

싸락눈이 날리고 있습니다.
Padá drobný sníh.
빠다 드로브니 스니흐

눈보라가 치고 있습니다.
Chumelí se.
후멜리 쎄

정말 춥습니다.
Pořádně mrzne.
뽀르자드녜 므르즈녜

손이 얼었습니다.
Mrznou mi prsty.
므르즈노우 미 쁘르스띠

미끄럽습니다.
Klouže to.
끌로우졔 또

자연

눈이 녹고 있습니다.
Taje.
따예

몇 도입니까?
Kolik je stupňů?
꼴리끄 예 쓰뚜쁘뉴

오늘의 기온은 영하 10도입니다.
Dnes je deset stupňů pod nulou.
드네스 예 데쎄뜨 쓰뚜쁘뉴 뽀뜨 눌로우

지리

체코의 면적은 어느 정도입니까?
Jaká je rozloha Česka?
야까 예 로즐로하 체스까

인구는 어느 정도입니까?
Kolik má obyvatel?
꼴리끄 마 오비와뗄

한국은 산지형입니다.
Jižní Korea je hornatá země .
이쥐늬 꼬레아 예 호르나따 제므녜

체코 지방에서 제일 긴 강은 무엇입니까?
Která je nejdelší řeka v Čechách?
끄떼라 예 네이델쉬 르제까 프체하흐

체코에는 화산은 있습니까?
Jsou v Česku sopky?
이쏘우 프체스꾸 쏘뽀끼

동물,식물

체코의 산에는 어떤 동물이 살고 있습니까?
Jaká zvířata žijí v lesích v
야까 즈위르자따 쥐이 브 레씨흐
Česku?
프체스꾸

이것은 무슨 새입니까?
Co je to za ptáka?
쪼 예 또 자 쁘따까

체코 서부 슈마바 별장지대

	NO	도 서 명	정가
영어	1	4주완성 독학 영어 첫걸음	7,000
	2	지구촌 영어 첫걸음	9,000
	3	영어회화 고민 이제 끝냅시다! Ⅰ	9,000
	4	영어회화 고민 이제 끝냅시다! Ⅱ	8,000
	5	아낌없이 주는 영어	8,500
	6	비즈니스 영어	6,000
	7	입에 술술 붙는 영단어	9,500
	8	헷갈리는 영어 잡아먹기	10,000
	9	톡톡튀는 신세대 영어 표현 (1개)	11,000
	10	패턴의 원리를 알면 영어가 보인다 (3개)	13,000
	11	간편한 여행 영어 회화	4,500
	12	여행자를 위한 지구촌 영어 회화	8,000
	13	눈으로 느끼고 가슴으로 읽는 영어	8,500
	14	말장난으로 하는 영단어 DDR	9,000
	15	1000만인 관광 영어 회화	7,000
	16	영문 편지 쓰는 법	8,000
	17	영어 왜 포기해 !	8,000
	18	우리아이 영어와 재미있게 놀기 (1개)	13,000
	19	영어 교사를 위한 영어학	8,000
	20	영어 커뮤니케이션 가이드	12,000
	21	영어가 제일 쉬웠어요	6,500
	22	다모아 답에타(단어장)	12,000
	23	이것이 토종 미국 영어다 (2개)	13,000
	24	미국 영어가 보인다 (1개)	11,000
	25	영작문 패턴으로 따라잡기	15,000
	26	Toefl Writing Master - class	9,000
	27	Harvard Vocabulary (2개)	17,000
	28	미국 영어 회화	13,000
일본어	29	꿩먹고 알먹는 일본어 첫걸음 (3개)	9,800
	30	첫눈에 반한 일본어 회화 첫걸음 (3개)	10,800

	NO	도 서 명	정가
일본어	31	김영진 일본어 문법 핵심 정리 (3개)	12,000
	32	배낭 일본어	7,500
	33	1000만인 관광 일본어 회화	6,000
	34	일본어 단어장	7,000
	35	편리한 회화 수첩	8,000
	36	일본여행 110	7,000
중국어	37	꿩먹고 알먹는 중국어 첫걸음 (CD1)	9,800
	38	한방에 끝내는 중국어와 한자 첫걸음 (2개)	12,000
	39	여행필수 중국어 회화	7,000
	40	영어대조 중국어 회화	4,500
	41	최신 중국어법 노트	10,000
프랑스어	42	4주완성 독학 프랑스어 첫걸음	7,500
	43	여행필수 프랑스어 회화	6,000
	44	영어대조 프랑스어 회화	7,000
	45	프랑스어 편지 쓰기	8,000
	46	노래로 배우는 프랑스어 (1개)	9,500
	47	샹송으로 배우는 프랑스어 (2개)	12,000
스페인어	48	4주완성 독학 스페인어 첫걸음	8,000
	49	영어대조 스페인어 회화 (개정판)	7,000
	50	노래로 배우는 스페인어 (1개)	9,500
	51	실용 서반어 회화	5,000
	52	교양 스페인어	13,500
이태리어	53	지구촌 이태리어 첫걸음	8,500
	54	여행필수 이탈리아어 회화	5,000
	55	영어대조 이탈리아어 회화 (개정판)	6,000
	56	노래로 배우는 이탈리아어 (2개)	13,500

	NO	도 서 명	정가
독일어	57	지구촌 독일어 첫걸음	7,500
	58	실용 독일어 회화	4,500
	59	여행필수 독일어 회화	6,000
	60	배낭 독일어	7,500
	61	독일어 편지 쓰기	8,000
	62	영어대조 독일어 회화 (개정판)	6,000
	63	독일어 무역 통신문	10,000
	64	PNdS독해평가	6,500
	65	PNdS청취평가 구두시험	6,500
	66	PNdS핵심 독문법	6,500
	67	최신 독일어	14,800
	68	독일어 문법과 연습	12,000
	69	노래로 배우는 독일어 (1개)	11,000
	70	수능 독일어	9,500
	71	배낭 유럽어	7,500
	72	대학생을 위한 활용 독일어 I (3개)	18,000
	73	성경으로 배우는 독일어	12,000
	74	대학생을 위한 활용 독일어 II (3개)	17,000
러시아어	75	4주완성 독학 러시아어 첫걸음	8,000
	76	한국인을 위한 러시아어 첫걸음	7,000
	77	여행필수 러시아어 회화	7,000
	78	영어대조 러시아어 회화	6,000
	79	표준 러시아어	12,000
	80	표준 러시아어 회화	8,000
	81	최신 러시아어 문법	25,000
	82	러시아어 펜맨십 강좌	5,500
	83	노브이 러시아어	20,000
기타 외국어	84	실용 아랍어 회화	5,000
	85	여행필수 베트남어 회화	6,000